高更，他的生活与艺术

Paul Gauguin: His life and Art

ART

〔美〕约翰·古尔德·弗莱契 著　陈奕 译

北京大学出版社
PEKING UNIVERSITY PRESS

图书在版编目（CIP）数据

高更，他的生活与艺术／（美）约翰·古尔德·弗莱契著；陈奕译.
—北京：北京大学出版社，2009.1
（悦读时光·绘生绘色系列）
ISBN 978-7-301-14788-7

Ⅰ.高… Ⅱ.①弗…②陈… Ⅲ.高更，P.(1848～1903)-生平事迹
Ⅳ.K835.655.72

中国版本图书馆 CIP 数据核字（2008）第 197037 号

书　　　　名：	高更，他的生活与艺术
著作责任者：	〔美〕约翰·古尔德·弗莱契 著　陈奕 译
策 划 配 图：	张远航
责 任 编 辑：	谭　燕
封 面 设 计：	奇文云海
设 计 制 作：	河上图文
标 准 书 号：	ISBN 978-7-301-14788-7/J·0226
出 版 发 行：	北京大学出版社
地　　　　址：	北京市海淀区成府路 205 号　100871
网　　　　址：	http://www.pup.cn　电子邮箱：pkuwsz@yahoo.com.cn
电　　　　话：	邮购部 62752015　发行部 62750672　出版部 62754962
	编辑部 62752025
印　　刷　　者：	北京宏伟双华印刷有限公司
经　　销　　者：	新华书店
开　　　　本：	787mm × 1092mm　16 开本　12.5 印张　189 千字
版　　　　次：	2009 年 1 月第 1 版　2010 年 7 月第 2 次印刷
定　　　　价：	38.00 元

未经许可，不得以任何方式复制或抄袭本书之部分或全部内容。
版权所有，侵权必究
举报电话：010-62752024　电子邮箱：fd@pup.pku.edu.cn

致 M. T. H. S

感谢他给予我的建议和批评

不断地完善自我能带来正道直行,但未经修整的曲折之路才是真正的天才之路。

——威廉·布莱克

目录

第一部分
人生前期（1849—1885）\1

第二部分
与印象派之争（1885—1889）\41

第三部分
阿旺桥画派（1889—1891）\73

第四部分
回归野蛮世界（1891—1895）\115

第五部分
与文明抗争（1895—1903）\155

第1部分
人生前期
(1849—1885)

左页图:《画架前的自画像》(Self-Portrait before an Easel) 高更，1885年

法国国王路易·菲利浦（Louis Philippe）1844年的画像

第一章

首先,我们将时光追溯到19世纪中叶,那时的巴黎发生了一系列事件,在当时看来,那些事件的首要意义是对未来的历史产生了重大影响,其次才是影响到法国大革命。但如果想在巴黎寻找一座为那些事件(以法国大革命而闻名于世)而建造的公共纪念碑,游客无疑将空手而归。只有拉斯拜尔大道的名字可能会使游客想起——1848年,法兰西惨遭另一种政治上的失败,尽管从1789年以来,它在政治上的失败已丝毫不足为奇。

那一年的2月,在民怨沸腾的风暴到来之前,路易·菲利浦国王及其大臣们已先逃之夭夭。最后,工人阶级一直盼望着的伟大革命,自1789年以来每一位艺术家所梦想的革命,在杜米埃(Daumier)讽刺画里所预示的革命,潜藏于暗流涌动的浪漫主义新纪元里的革命,似乎即将到来。革命者建立起临时共和国,并选举产生了国民议会。但是来自全国各省的声音却传递出这样的信息:国家政体

1848年2月法国革命爆发的情形

形式改变与否并无多大意义。农民只要有他的土地,他的牛马,他的钱物依然安然地绑在长袜里,有一个勤劳的妻子、一支烟斗、一杯酒,便心满意足,安于现状。至于巴黎的工人阶级是否在挨饿,这可与他没关系。他不会掺和到狂热的共产主义运动之中,也不会心怀太平盛世的美梦。他只想做好自己的事。

  国民议会似乎过于温和了,临时政府的领导者更倾向于站在大多数人一边,而不愿理睬那些带有极端情绪的巴黎人。但后者是很难被打倒的。5月15日,一批民众试图攻击国民议会,最终失败。18日,拉马丁(Lamartine)[①],这位前任革命领袖,在进行一场旨在调和矛盾的演讲时,被轰下了台。临时政府发现,要么为巴黎失业者提供工作和薪水,要么就得冒遭暴力袭击的危险。于是,一项方案出台了,但很快被证明所需花费太大。6月21日,政府宣布该方案中止实施。三天后,暴风雨终于降临——犹如变魔术一般,街道上突然架起221道街垒,上面插着红旗,并由6万名男子护卫。民众们进行了三天无望的抵抗,最后,所有的街垒被清

[①] 法国浪漫主义诗人、作家和政治家,代表作为《沉思集》。——译者

第一部分 ◎ 人生前期（1849—1885）

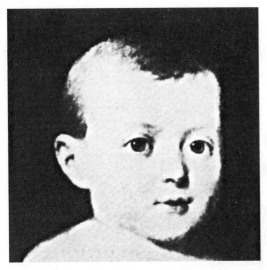

朱尔斯·劳拉（Jules Laure）所画的高更裸像

除，鲜血淌满一地，于是，旨在改良的远大事业得以继续。

在这样一段流血和暴力事件不断爆发的时期，一段小插曲为这血腥气氛注入了一丝诗意与温情。6月7日，住在巴黎的高更夫妇有了一个儿子。这个后来成为艺术革命领袖人物的新生儿，在轰隆隆的炮声中降临人世，他所带来的朦胧气象似乎意喻着上天一种带有讽刺性的安排——他产生的影响，与1848年革命的影响一样深远。他的一生就是一场针对19世纪后期形成的中产阶级文化及道德的持久战斗，他的艺术则为一个新建的世界代言，在那样的一个世界里，人们可以如同重回伊甸园般赤身裸体、毫无忌讳地自在行走。他注定是为了破除社会习俗和愚行的惰性力量而生，正如革命者通过武力夺权来进行革命一样；他的思想将照亮关于艺术和人生的新观念的探索之路。这些尚待未来的岁月逐一验证。

克罗维斯·保罗·高更（Clovis Paul Gauguin，后来高更的名字和自己父亲的一模一样），是一个来自奥尔良①的不起眼的小记者。他的工作是在一个同样不起眼的《自由报》当编辑，这种宣扬自由主义的报纸在当时遍地都是。他对自己儿子的影响甚微，正如大多数艺术家的父亲一样。我们倒是有必要将视角转向高更夫人，从她这里，我们能更清楚地了解，为什么她那名满天下的儿子具有这样的个性特征。

艾琳·玛丽·高更（Aline Marie Gauguin），其父名叫夏扎尔（Chazal），关于这个人我们几乎毫无所知，但她的母亲却颇有名气，后者是一位著名的社会

---

① 法国中北部城市，卢瓦雷省省会，10—11世纪时曾是法国首都。——译者

保罗·高更的外祖母，激进的女权主义者弗洛娜·特里斯坦画像

主义激进活动家，并以写作相关小册子著称，她的名字叫弗洛娜·特里斯坦(Flora Tristan)。1803年，弗洛娜·特里斯坦出生于秘鲁的利马，其父是一个有着贵族血统的西班牙人，名叫马瑞诺·特里斯坦·y．莫斯科索 (Mariano Tristan y Moscoso)。他曾在秘鲁的军队里担任军官职务，在秘鲁共和国成立之后，他和自己的家族拥有了很高的地位与声望，由此可以猜测，他很可能曾参加过秘鲁对抗西班牙的独立战争。1818年，他将女儿送进巴黎的学校。第二年，弗洛娜·特里斯坦和夏扎尔私奔，被双亲阻止。在两人的孩子出生以后，她和丈夫分开了，并回到秘鲁。尽管她一直试图缓解和家人的矛盾，但她的父亲铁了心，对这个任性而冲动的女儿置之不理。后来，她独自一人坐船回到巴黎，靠写一些带有强烈社会主义倾向的小册子维持生计。渐渐地，她在争取妇女选举权、宣扬人道主义和组织工会运动等方面成为一个先锋人物。1836年，她在巴黎与夏扎尔重逢，意想不到的悲剧发生了——后者心怀嫉妒地刺伤了她，并因其攻击行为被判处20年徒刑。几年后，弗洛娜·特里斯坦在波尔多去世，工会运动者怀念她积极投身这一事业的热忱及美貌——这些比其演讲的感召力更打动他们，筹钱为她修建了一座纪念碑。

第一部分 ◎ 人生前期（1849—1885）

《母亲画像》，
高更，1890年

有这样的外祖父母和父母的一个孩子，悄然来到了人间，为人们带来了一丝神秘与欣喜。夏扎尔和弗洛娜·特里斯坦之间的悲剧与暴力组合也许可以解释高更的个性特征及其为何能成为艺术家。从夏扎尔身上，我们看到了刚愎自用和敏感易怒的性格特征；而弗洛娜·特里斯坦则让我们了解，高更为何对个人自由如此深爱，以及他对道德清规的憎恶，对中产阶级的蔑视，具有西班牙式的傲慢，还有独立自主的斯多葛派哲学。半开化的西班牙血液在他体内流淌，他是阿拉伯人、凯尔特人和非洲人的混合体。可能他的个性里还有其他来源——如印加人[①]与西班牙人较劲，却始终未能占上风。无论未来有怎样的命运等待着他，至少从一开始，他就没有被巴黎知识分子圈中的气氛所完全同化，而那里，充斥着轻佻浮躁与薄情无常之气。

[①] 印加帝国属于南美洲著名的文明古国之一，15世纪曾处于鼎盛时期。——译者

拿破仑三世的骑马像

第二章

这位未来的画家,其最早的冒险活动便与悲剧、浪漫、残暴奇妙地搅和在一起。在他后来的生活中,后者愈加频繁地发生。1851年12月,临时共和国走到尽头,路易斯·拿破仑通过一场轻而易举的政变达到了复辟帝国的目的。由于带有同情倡导共和政体和反拿破仑人士的倾向,克罗维斯·高更的稿件经常被《自由报》搁置起来,而且他个人开始受到打击,这时看来只剩下最后一线希望:弗洛娜·特里斯坦在利马①的亲戚也许能为保罗和他的姐姐玛丽提供帮助。于是,一家人动身去了秘鲁。然而,当旅途中穿越令人惊悚的麦哲伦海峡时,克罗维斯·高更死于心脏衰竭。随后,他的遗体被运回岸上,埋葬在了饥荒港(一说是在蓬塔阿雷纳斯),这个地方位于智利境内,据说是地球最南边的一个城镇。

---

① 利马建于1535年,曾是西班牙在南美洲的殖民地。1821年秘鲁独立,将利马立为首都。

特里斯坦家族的领袖、弗洛娜·特里斯坦的叔叔堂·皮奥·特里斯坦·y.莫斯科索（Don Pio Tristan y Moscoso）善待了这位母亲和两个失去父亲的孩子。在后来的岁月中，高更讲述了很多有关这次人生经历的趣闻。虽然他那些故事如同民间传说般纯朴可信，但也许其中大多数的真实性仍值得怀疑——毕竟，当时高更刚满4岁。据我们所知，这个家族是一个富有的贵族，拥有很高的社会地位，按照传统卡斯蒂利亚人①的奢侈和怠惰的方式生活着。在这样一种环境中长大的高更，不可避免地继承了许多"丑陋的性格"——在他的人生之中，这样的性格使其与众不同——傲慢、保守和自大相互交织，在外人面前，却戴着看似真实的害羞面具。也是在这里，他第一次看到了由非欧洲文化所创造的艺术品：陶器、珠宝以及来自印加的织物。所有关于这些粗犷和原始艺术的记忆，对他以后的思想产生了不容置疑的影响。

高更并没有在利马待很长时间。4年后，他的叔祖父在法国去世，为了获得其遗产中属于自己的部分，高更的母亲回到法国，但结果只继承了很少一部分遗产。

后来，这位画家相信（或者说受到影响），如果自己的母亲继续留在秘鲁并忘记那些法国亲戚，她很可能成为堂·皮奥·特里斯坦·y.莫斯科索财产的女继承人。这也许只是高更的天真想法，而当他想要让别人对自己的生活感到神秘和震惊时，通常会采取这样的方式。如果他在秘鲁待的时间再长些，他的思想又将发生怎

朱尔斯·劳拉画的高更母亲艾琳像

---

① 卡斯蒂利亚是西班牙历史上的一个王国，建于1035年，由西班牙北部的旧卡斯蒂利亚和南部的新卡斯蒂利亚组成。

样的变化?提出这样一种假设的确令人兴奋,答案却无处可寻。但毫无疑问的是,秘鲁使他对热带地区,对这样一片奇妙而异于其他地方、尚未被19世纪文明所破坏的传统土地产生了热爱,而且,生活在秘鲁的时光,使这个地区的诸多特性潜移默化地影响到高更的个性,使他变得很难被同时代的法国人理解。

而此时的法国,也带给了他一些不同之处。他受到教育,或者说经历了受教育的过程:他在奥尔良的一座神学院里一直待到17岁。在神学院里,他不喜欢学习,而且变得越来越固执和难以管教。像当时法国其他类似学校一样,这座神学院由基督教会的牧师负责管理。

后来,高更如是说,自己在那座神学院只学到了对虚伪、伪善和监视的憎恶。带着一丝尖刻的讽刺,他还说:"不过,我在那里也学到不少基督教的智慧,那就是在和他人斗争时,如何保持自己不被轻视的力量。"

他还时刻想着如何逃走,重新渡海去秘鲁。他母亲希望自己的儿子成为一名海军军官,但他却未能通过本应轻松过关的必修考试,随后只能被安排做商船上的船员。对母亲的这一决定,高更直到临终时仍懊恼不已。

1865年,高更登上了"卢兹塔诺"号商船,开始了从法国的勒阿弗尔港至巴西的里约热内卢的航行。在这艘船上,他的级别只是一个舵手的助手。这次航程让他重温了热带风光,成为此后高更生活中难忘的回忆。

在他后来居留塔希提岛所写的零散笔记中,高更进行了如下描述:他在航程中听到同船的水手说起一个亲身经历的故事,这个故事发生在太平洋社会群岛①岛民的沉船事故中。那个故事给高更留下的印象太深了,以至于可能促使其后来将塔希提岛视作一个理想的居留地。至少,里约热内卢的海港风貌唤醒了他潜意识里对热带的狂热之情。而且,因为与一位女演员的邂逅,高更的里约热内卢之行变得更加别具意义,尽管在后来的生活中,这样的邂逅时常发生。最后,高更在归途中带回了一位普鲁士女子,由此触犯了商船上的规矩。显而易见,他的个性并不适合自我约束以历练成一位优秀的海军军官。无论如何,接下来我们所知

---

① 太平洋东南部法属波利尼西亚的主要群岛,塔希提岛便位于该群岛中。

《热带风光》(Tropical Landscape),高更,1887年

道的是，高更终止了在海军商船上的服务，1868年2月，他作为一名普通水手参加了法国海军。可能这时他的母亲已不再支持他，因此他不得不通过必需的考试来获得这个职位。

让他失望的是，当他来到"杰罗姆·拿破仑"号巡洋舰上时，发现该巡洋舰奉命巡航北部海域。因此他无法再次一睹热带风光，只能无趣地围着冰雪覆盖的格陵兰岛和荒无人烟的北角①打转。这已经够不如意了，接下来的事却更糟。巡洋舰在前往北极圈斯匹茨卑尔根岛的途中，舰长获悉法国已向普鲁士宣战。

"您去哪里？"二副看着掌舵的舰长问道。

"去沙朗东。"愤怒的舰长回答道。沙朗东成了巴黎附近重要的避难所。

当色当战役令人沮丧的消息传来时，巡洋舰到达的地方更接近哥本哈根，而不是法国。巡洋舰舰名"杰罗姆·拿破仑"被抹去，代之以"德塞"。这艘不幸的巡洋舰不得不留在哥本哈根海港，直到1871年战争结束。

---

① 新西兰北岛的最北端，伸入南太平洋。

1871年的普法战争中色当投降时的情景

第三章

1871年,在服役期延长18个月之后,高更终于停止了与军方对抗的行为,由此也获准离开,结束了海军生涯。但在"德塞"号巡洋舰上勉强忍受的三年,管理严苛,制度死板,无聊空虚,使他现在只要一提到海,就忍不住心生厌恶。与此同时,另外一个职业选择的机会却不期而至,使他觉得自己必须抓住它。

在高更最后一次从法国探亲回去后,他的母亲去世了,在临死前,她将自己的一双儿女托付给富有的银行家古斯塔夫·阿罗萨(Gustave Arosa)照顾。这个男人很快在伯汀(Bertin)一家自己很熟悉的银行里为保罗找到了一份工作。现在,这个年轻人的生活中开始了这样一段时期——不仅物质上富足,而且在以后看来,也是一段令人惊叹的职业生涯。尽管个性上他是一个天生的流浪者、一个热带的狂热爱好者、一个不信教的异类,但显而易见的是,通过在巴黎证券交易所做投机买卖来积累财富的诱人规划很容易就吸引住了他,而且关于这个新职

《正在窗前缝补的美蒂·高更》(Mette Gauguin Sewing near a Window),高更,1878年

位以后是否会承担更大责任的问题,他并没有考虑太多。高更在柏汀没待多长时间,因为不久他便发现了如何迅速赚钱的途径。1870—1871年的战争使巴黎的证券市场陷入混乱,由此反倒容易从中浑水摸鱼。和平条约签订后,法国开始了飞速的经济复苏时期,这在她的历史上并不少见。股票持续上涨,商贸兴旺,高更及时抓住了这样一个好环境,以至于一年后,他已赚到4万法郎。1873年,他结婚了,从此肩负起再也不曾完全卸下的责任。他的妻子名叫美蒂·索菲亚·盖德(Mette Sophia Gad),是哥本哈根一位新教牧师的女儿。她拥有一个幸福的家庭,在丹麦首都享受着地位尊贵的生活。这个家庭的女儿们都在巴黎接受了教育,其中一个嫁给了一位挪威议员,另外一个则成为画家弗里茨·陶洛(Fritz Thaulow)①的第一任妻子。

高更在何时何地遇到他未来的妻子已无从可考,很有可能是在"德塞"号巡洋舰滞留哥本哈根期间。无论如何,看上去他急着想结婚。婚礼(既然他的妻子是一名新教徒,所以婚礼决定采取一种纯世俗的形式)因故被延迟,原因是在一次对圣克劳德的炮轰中,他父亲的出生证明丢失了。

那时,经由他妻子的朋友和熟人,以及古斯塔夫·阿罗萨、埃米尔·舒芬内克(Emile Schuffenecker,高更在柏汀的同事)和其他人,高更重燃了对生活的新兴趣。他开始画画,尽管工作压力使他最初顶多将这项活动视作一种消遣。在他看来,阿罗萨是一位业余的艺术爱好者,后者从同时代画家手中收集到大量作品,包括德拉克洛瓦(Delacroix)②和库尔贝(Courbet)③。阿罗萨通过照相印刷术刻印了这些作品,并且将一些副本送给朋友们。通过舒芬内克,高更得以近距离地接触印象主义画派,后者不久便在巴黎引起轰动。于是,高更也开始购置画刷和颜料,并利用周末及假期作画。慢慢地,他不再把绘画只当成一种消遣。

可以说,他最初的"艺术随笔"属于纯学院派,也就是按照当时的流行风格

---

① 挪威现实主义画家,擅长风景画和油画。
② 法国浪漫主义画派的代表人物,以大量富有激情的油画创作和对色彩的使用而闻名。
③ 法国画家,以其运用现实主义的手法描绘日常景物而著称。

《美蒂·高更胸像》(Bust of Mette Gauguin),高更少有的雕塑作品,1879年

作画,甚至还在1876年将自己的一幅作品送到沙龙。与此同时,他开始尝试雕刻,先用大理石,后来考虑到木头、黏土和浆糊这些原料具有更粗糙且布满微粒的表层,就弃用了前者。他喜欢使用粗糙表面,由此还建议初学雕刻的人将沙子和黏土混合起来以增加粗糙感。

高更个性复杂,多才多艺。早年的海上经历赋予他作为水手所特有的奇思妙想,同时又对艺术创作的工艺流程心怀极大兴趣。终其一生,他既精通绘画,又擅长于平版印刷术和雕刻。他还尝试过蚀刻、染色和制陶。他的写作(尤其体现在《诺阿·诺阿》一书中,"诺阿"[Noa]是一句土著语,意为"芳香"),明显具有直接而富有诗意的叙事风格——一种极可能使之成为一位优秀诗人的天赋。纵观高更的一生,我们不能简单地将他视作一位画家,可以说,他在艺术装饰上所作出的开创性贡献,比他的画作更重要。甚至在文学方面,他也在很大程度上激发了我们的灵感。他给自己带来的话题就像同时代的英国名人一样多,比如威廉·莫里斯

第一部分 ◎ 人生前期（1849—1885）

《巴黎德勒娜桥与格勒纳勒桥之间的塞纳河》，高更，油画，1875年

(William Morris)。他对掌握知识驾轻就熟，问题仅仅在于如何衡量、筛选和利用它们。但是，正是因为他同时涉足诸多领域，所以比那些专注于单一领域的艺术家，在艺术上的成熟反而要慢一些。

也许将高更这种全才式的技能归结于一种"证据"和自然天性而不是令人费解的现象，听起来让人匪夷所思，但毫无疑问的是，在艺术发展的早期，艺术家们的确无所不能。各种艺术之间的互通性和内在联系，是艺术发展初期最显著的特征。文明的进步使技术日渐发达，对于个体而言，要成为某一领域的艺术专家变得越来越困难。也许正是因为这样的原因，在我们的现代工业社会，艺术正渐趋消失，成为一种逐步缩减的群体的爱好和消遣活动。

所有这些在高更的时代不足为奇，在此后很多年也是如此。在那时，他以绘画为乐，并且喜欢按流行风格作画，很快他便发现，当时巴黎的流行画派是印象主义。

《干草车》,康斯特布尔,油画,1821年

《花瓶》,高更,油画,19cm × 27cm,1881年

第一部分 ◎ 人生前期（1849—1885）

没有必要对印象主义画派作出定义，因为很多专业艺术评论家已长篇累牍地探讨过纯色彩的绝对重要性，而忽略了康斯特布尔（Constable）①和特纳（Turner）作为这一运动先驱者的地位。

印象主义画派恰是现实主义——或者确切地说，是自然主义——在绘画中的反叛性表现。这种反叛已经产生了一位绘画领域的重要先驱——古斯塔夫·库尔贝，但是由于印象主义首先滥觞于文学领域（文学经常是艺术形式的引领者），因此我们需要先了解印象主义指向什么，又是何以式微的。

在1870年之前的稍早时候，法国政治的转折点出现了，极大地改变了生活在其中的知识分子的生活——主要是从文学领域的变化开始。以拉马丁、缪塞、维尼、雨果和巴尔扎克为代表的浪漫主义，曾在1830年震惊世界，如今已逐渐衰

《您好，库尔贝先生》，库尔贝，油画，129cm×149cm，1854年

---

① 英国风景画家，创作了许多表现田园风光、描绘普通劳动人民生活的作品，摆脱了构图和色彩上的因袭陈规。

波德莱尔像

亡。英雄主义、拿破仑风格以及拜伦式的思维或多或少地淡出了生活,在第二帝国时期,资产阶级占据了杜伊勒里公园。

在1870年战争爆发前的很多年,查尔斯·波德莱尔(Charles Baudelaire)①的名作《恶之花》充分体现了对生活过于敏感而深受折磨的灵魂所发出的怒吼。几乎与此同时,古斯塔夫·福楼拜(Gustave Flaubert)在《包法利夫人》一书中树立起了一座批判资产阶级罪行的丰碑。这两部杰出的著作为旨在记录"人类档案"的自然主义开辟了道路,也为后继者龚古尔(Goncourts)、莫泊桑(Maupassant)和左拉(Zola)指明了方向。

而在另一个领域,印象主义开始了自身富有逻辑性的发展历程。

它弃用画室的灯光,代之以自然界的太阳光。

---

① 法国历史上最伟大的诗人之一、象征派诗歌的先驱、现代派的奠基人,其代表作《恶之花》是19世纪欧洲最具影响力的诗集。

它废除了传统的"主题",让画家能够随心所欲地画马奈(Manet)所说的"任何事物"。

因此,一方面,印象主义直接导致了对光线变化的分析,这在康斯特布尔和特纳那里早有体现,但是他们并未将其提升到一门学科的地位;另一方面,它必然导致画家对自然的绝对依赖,随之伴生的是画家想象力的萎缩。对此,马奈曾说过一句著名的话:"从个性看自然。"

抵制印象主义,正如抵制浪漫主义一样,只有一位艺术家敢于沿袭始自乔托并经由拉斐尔、普桑(Poussin)到普鲁东和安格尔的古典装饰绘画传统。这位艺术家是诺曼底人,名叫普维斯·德·夏凡纳(Puvis de Chavannes)。

《希望》,普维斯·德·夏凡纳,油画,102.5cm × 129.5cm,1872 年

《菜园和鲜花盛开的果树·蓬图瓦兹的春天》,毕沙罗,油画,1877年

　　但是,尽管年近五旬,普维斯依然不为人知,依然在力图冲破重重障碍,游离于令人昏聩的主流社会沙龙中那些年轻人的视线之外。与此同时,印象主义却在那一时代"以遭人诟病的方式广为人知"。

　　就在这一时期,高更开始接触到印象派画家并成为这一理论的忠实信徒。他

第一部分 ◎ 人生前期 (1849—1885)

仿照卡米尔·毕沙罗（Camille Pissarro）的风格作画，后者是高更夫人的同胞，生于安的列斯群岛中的圣托马斯岛，这一地区后来归属于丹麦。1880年和1881年连续两年，高更都参加了印象派画家的作品展。

作为一位将自然主义推至极端的践行者，于斯曼（Huysmans）开始对高更的裸体画加以褒扬，原因在于其中所体现出来的真实的丑陋。于是，高更成为了人们谈论的中心，不仅因为他是一名家境殷实的业余爱好者，而且因为他是一位声名渐起的艺术家。但是他在证券交易所的工作几乎耗尽了自己的精力和时间。尽管现在需要供养妻子和五个孩子，高更还是在1883年1月从金融界匆匆退出，全身心地投入艺术事业中。

《巴黎沃吉哈赫区风景》，高更，1879年

《裸体》(Nude),高更,油画,115cm × 80cm,1880年

第一部分 ◎ 人生前期（1849—1885）

　　瑟戈伦博士（Dr.Segalen）在为《高更自塔希提岛的来信》所作的序言中意味深长地指出，高更的这一决定是他职业生涯的真正转折点。高更对自己如此说："从此我要每天画画。"他不仅想满足自己尚处于模糊状态但发自内心的雄心壮志和超凡才能，而且为自己设置了一项并非利己的伟大责任——清除自身天性以及现代艺术中的芜杂之物。

《诺曼底奥斯尼的水闸门》（*The Sluice Gate at Osny, Normandy*），高更，1883年

《白杨树》(Polars)，高更，1883年

第四章

　　了解这一点是重要的——即在作出上述决定时,高更时年35岁。由此证明,这一决定并非草率之举,他很清楚要对未来可能产生的后果承担相应的责任。在这样的年龄,作为一个男人,应该已经达到智力的成熟期;特别是当这个男人是保罗·高更时,我们更确信他不会只是因为喜欢变化而改变整个生活方式。高更已经或多或少地认识和表达过这些。他不愿意被股票和股份弄得焦头烂额。在对一切反对意见熟视无睹的情况下,他下定决心,将自己的一切奉献给这一职业。

　　至于他的画,这时还不够出名,因此销量不佳。当然,不管怎样,争取时间才是最重要的。于是,高更决定卖掉当时在交易所工作之余所购买的大批现代画以维持生计。有趣的是,从这些画的清单可以清楚地看出高更那一时期的兴趣所在:包

《奥斯尼的山坡小路》，高更，油画，60cm×50cm，1883年

括一幅马奈的、几幅雷诺阿的、一些克劳德·莫奈的以及两幅塞尚的（静物和风景）、一幅毕沙罗早期的画，还有西斯莱（Sisley）、琼凯德（Jongkind）、刘易斯·布朗（Lewis Brown）的几幅典型画作。而其中最珍贵的是杜米埃的两幅真迹。

我们无从得知，高更是否只能通过这样的方式来供养家庭且陷入债务之中。我们同样不知道他的收藏品到底卖了多少钱。对于印象主义画派而言，可能总额很少。大家普遍认为，印象主义画派一直没能获得纯粹的商业利润，只是在现代才拥有了很大的声望。不管怎样，这位画家不久又深陷困境。对于自己无力在巴黎开拓出一项新职业，他感到汗颜。他发现自己目前还没有能力取得像在伯汀时那样的经济地位。于是高更夫人开始出谋划策了：她决定搬回哥本哈根，希望通过她那里的家族影响力，为自己的丈夫谋得一官半职。

但是，在那座丹麦城市里，这对夫妻之间的本质差异终于在一次激烈的冲突中暴露无遗。高更妻族中清教徒式的死板和虔诚，与这位画家充满激情的热带脾性水火不容。他觉得自己讨厌丹麦的一切——景致、气候、假正经以及居民的粗鄙、巴黎式波西米亚风格的缺失——除了自己岳母的烹饪术以外的任何东西,而且他轻易就流露出了自己的这种厌恶之情。他的言行举止都坚持着目中无人的巴黎式自由风格。一天,他沿着街道走到桑德湾,无意中往下一看——这里沿海的每一片住宅区都配有一间供沐浴用的小木屋,此地有这样的习俗:男女洗澡是分开的,而且完全裸体。这时,高更刚好停了下来,俯瞰一位清教徒官员的妻子缓步走入水中。他决定从审美的角度来观察一下这具裸体。这个女人的女儿看见了

《卡索街的雪》,高更,1882年

高更,他的生活与艺术
Paul Gauguin: His Life and Art

《浪花中的女人》(*Woman in Waves*),高更,1889年

他,马上大声叫母亲回来。这位女士转过身来,赶紧疾步回到自己的沐浴间。但高更依然继续观察。第二天,这件事不可避免地成为了一件丑闻。

幸好事态没有进一步恶化。高更不愿向丹麦人屈服,他的妻族也不愿放下自

第一部分 ◎ 人生前期（1849—1885）

高更在哥本哈根，
1885年拍摄

身的威权去适应前者的奇思妙想。夫妻间的分离已经在所难免。1885年，矛盾终于爆发，可以想象得到，双方都没有什么遗憾与后悔。对于这位画家来说，这场婚姻一直是为了方便起见。我们将有充分的机会看到，在高更的职业生涯中，他尽管碰到过各种各样的女性，但实际上并没有任何情感纠葛。他似乎更喜欢孩子，尤其是对女儿艾琳（Aline，与高更母亲同名）的喜欢，甚至超过了对妻子的爱。

现在，对他而言更方便了——他的妻子将和自己的家族一起生活，至少在那里有一方庇护，比跟随丈夫回到巴黎要好，既然他无论到哪里都想着回巴黎。高更夫人同意了这样的安排，希望看到自己的丈夫虽然现在给家族蒙了羞，但在不久的将来能征服巴黎的艺术界。于是，1885年，高更重返巴黎，再一次向命运发起挑战。

33

《曼陀林与静物写生》，高更，1885年

第五章

现在,他已经37岁了。迄今为止,他的人生大事在很大程度上都被偶然因素所操控着;从现在起,他要更加有意识地去争取成为自己命运的主人。因此,有必要在继续叙述这个故事之前,全面审视一下高更的外形特征和智商水平。

高更身材中等,体格强壮,肌肉发达。他的头发,后来变得日益纤细,逐渐掉色,栗色而带红,并且大把大把地脱落,最后只剩下前额的一点点。眉毛则弯成弓形,让人总感觉他的眼神充满疑惑。眼睑是下垂着的,眼睛小小的,呈灰绿色,让人感到他似乎在海上生活过多年。鼻子很大,厚实而呈鹰钩状。一簇细密而低垂的髭,比发色要淡,附在嘴唇上方,并沿着那大而粗糙的嘴唇直至嘴角。下巴突出而精巧,后来在那里逐渐长出了一丛短小的胡须,色泽与髭近似。

1887年,当高更从安的列斯群岛回来后,所有认识他的人都说,他的肤色已

高更，他的生活与艺术
Paul Gauguin, His Life and Art

拍摄于1886年的高更

经变成印第安人般的古铜色，而且穿着和气质都像一个水手，甚至包括他那酷爱抽烟的习惯——后来这一习惯极大地损害了他的健康——也与水手颇为相似。高更用一种西班牙式的手法来卷烟，并经常用一只短小的陶制烟斗抽烟。连他的双手也不像艺术家的手，倒颇像水手的——粗糙、宽大而泛红。总之，他的外形具有令人惊讶的克里奥尔人（Creole）[①]特征，而不像一个正宗的法兰西人。其暗淡的肤色和脸部轮廓淡化了眼睛与头发的颜色。

大多数与高更交往过的人都对他的个性评价不高。但必须记住的是，正如许多真正的天才人物一样，高更天性保守，甚至多疑。高更并不认同这样的看法：与那些有意识去做事的人不同，他自己是随性而为。经过审慎的思考和艰苦的努力，高更将很多人一开始就具有的知识转化成自身所需的东西。进一步而言，技艺研究及其实践在本质上如此消耗人的体力和心智，以至于艺术家无法分心去迎

[①] 出生于西印度群岛及美洲国家的西班牙、法国移民的后裔。

第一部分 ◎ 人生前期（1849—1885）

《沃吉哈赫区的市场花园》，高更，1879年

合与应对身外世界。最后，高更是害羞的，而且是一种天性中的羞涩。人们却将这种害羞视为粗俗，将这种保守看做不敬。说实话，高更有时并不想因为这样的误解而获得什么好处。他之所以小心翼翼地培养这种粗蛮之风，一方面固然是为了产生一些影响，另一方面则是想躲避烦扰，落个清闲。

说到他的创作，他一直都在摸索着适合自己的道路，尽管直到职业生涯终结时都没能完全找到。他的多才多艺使他的艺术免于僵化和枯萎，就像许多成就显赫的流行画家一样。

1880年，高更的出现在印象主义艺术家中引发了争论，于斯曼因为高更的一幅画作中所展现的纯粹的现实主义倾向而不吝表达自己的极力赞扬。不过，这幅画非常裸露，让人感到高更将人物的阴影聚敛起来，使之显得非常厚重黝黯，与印象派画作形成了直接的对照。一年后，我们发现，于斯曼对高更的作品中粗野而浑浊的色彩不满起来；另有证据证明，这位画家还在着手尝试堆砌色调，以此

37

《奥斯尼风景》，高更，1881年

避免印象派画家将色调分离的做法。

我们有把握进行这样的推测，即高更是怀着内心的狂热来描画自然的，正如他在热带地区所看到的那样。早年岁月向他展示了热带景观，实际上，最伟大的能手和最蹩脚的画匠的艺术都是建立在孩提时代所掌握的直觉知识的基础上，包括后来对这些知识的运用。毕沙罗也见过热带风光，但是那些并没有影响他的视觉体验，事实上，随着年龄渐长，其色感反而日益清冷而灰暗。不过，在描摹热带景物上，他与高更的倾向性还是有点相似的，尽管后者完全是全身心地将其与自然血脉相连的情感融入所画的景物之中。

让高更始料未及的是，等待自己的并非名利双收的未来，而是17年尘世中只求果腹的生死挣扎，既无法体会到生命的意义，也无法获得哪怕极其微弱的动力，却在任何方面都受阻，以至于他只能在一些小板或帆布而不是宽广的墙面上绘制最精美的装饰画。他打算离开祖国，去地球的另一端，目的不过是为了考察自己国家的文明体系是否为了满足国家需要而不允许艺术家以劳动为生并以此为乐。他注定最终被埋葬在无名墓地，几近被人遗忘，却在已经不需要靠艺术谋生的时代创造出一个商业神话。但是，即便高更能预知到这些，也许仍不会改变自己的初衷。随时准备挑战一切，他就这样顽强地走向未来。

《林中浴女》，毕沙罗，油画，1898年

《自画像可怜人》(*Self-Portrait, Les Miserables*),高更,油画,45cm × 55cm,1888年

第2部分
与印象派之争
(1885—1889)

《大树底下的母亲与孩子》(Mother and Child under the Trees),高更,1886年

第一章

回巴黎之后,高更开始了职业生涯的第二阶段——通过画刷和凿刻工具来不断实现自我。在人生的第一个阶段,海上生活的艰苦经历塑造了他的个性,较为闲适而富足的生活则成就了他的鼎盛开端,由此他得以与当时法国传统的最优秀代表相互切磋艺术法则。他不仅与马奈、毕沙罗和塞尚相识并交往,参观了巴黎博物馆,而且并未将自己局限在卢浮宫之内,而是对吉美博物馆(Musée Guimet)中来自远东的艺术收藏品进行了别具一格的研究。此后,他还专门研究了特洛卡迪罗的大量高棉(Cambodia)的①雕塑。伯汀时光给予了他很好的心智塑造机会,而对于艺术独立性的形成来说,这样的自学方式是必经之路。

但是,在这些重要的成长岁月中,高更的思想究竟是如何发展变化的,我们对此的了解远远少于与高更同时代的其他人。"他是这样一种人,随时对艺术中

---

① 东南亚中南半岛民族,主要分布在柬埔寨。

《旅店老板之女》，高更，油画，55.3cm×46cm，1886年

的新事物保持警觉，但从来不承认受惠于任何事物或者任何人。"那一时期熟悉他的某位朋友如此说道。高更凭本能汲取东西，这种本能同时又告诫他不要将自己的知识与不会善用的人分享。

在巴黎艺术界的嘈杂之声中，高更安静而不为人知地穿行着。他租下一间画室，开始忙着尝试各种各样的题材，尤其是雕塑。但是很快，他的意志和个性开始受到食不果腹的新挑战。

有一段时间他极度穷困潦倒。最后，他不得不在巴黎火车北站的墙上画广告画，以此获得每天3法郎50生丁的报酬，不然他就要饿死了。

在送给女儿艾琳的一个小笔记本中，他这样写道："太悲惨了，就是饿，所有的一切都受制于它。没什么，真的没什么。一个人要生活就得适应它，要有坚强的意志，如果采取藐视和嘲笑的态度，就能战胜它。但问题在于，它使人无法

第二部分 ◎ 与印象派之争(1885—1889)

《克罗维斯像》，高更，1886年。克罗维斯(Clovis)是高更的第四个孩子，死时才21岁。

正常工作，无法开展智力活动。它就这样销蚀着人的才能，真令人痛苦。但是，绝不能太过痛苦，否则这种折磨会杀了你……为了增强内心的豪情，我几乎耗尽能量，还要强迫自己充满斗志……傲气是一种错吗？一个人是不是必须坚守自己的傲气？我相信傲气必须坚守。这是抵御我们内心深处动物本能的最好武器。"这些话让我们更全面地认识了高更：他是一个永不会被挫败的人，一个绝不会回头的人。他只会向前走，在追求自我方向的道路上独善其身。

1886年，他为印象派画展捐助了大约19幅作品，还有一幅木制浮雕，这似乎成为对后来《战争与和平》的创作者的一种预示。

高更大多数的早期作品如今似乎已湮灭无闻，只有极少数能找到。因此，读到下面的赞词令人趣味盎然，这段话出自费利克斯·费涅翁（Felix Fenéon）[①]

[①] 法国19世纪的文艺批评家。

《池塘》(The Pond)，高更，1887年

之口，表明与其他印象主义画家不同的是，高更总是游离于规则之外："保罗·高更先生每幅画作之间的色调差是非常小的，由此使他的作品表现出一种单调的和谐感。粗枝大树从肥沃的土壤中长出，繁茂而充满湿气，侵入画框，并直指天空。空气很厚重，树干间隐约可见的砖块表明附近有房子。东西四散乱放，动物尤其是奶牛的口套散布在灌木丛中。这位艺术家常用这种屋顶和家畜的红色来映衬绿色，并将其投射到水面，同时用疯长在树干之间的长长的青草加以协调。"

上述评价清楚地表明，在那段时期，高更将自然景观视作一个综合性、装饰性的整体，而不像马奈、毕沙罗或点彩画派那样，将自然景观当做一种空气震动的解析实验。至于高更的木雕，费涅翁则是这样评价的：

> 在梨木上，我们很遗憾地只看到了单色。一个裸体女子突出在木雕半部，从她的手到头发，在一片风景中呈矩形而坐。这是雕刻唯一的符号。除此之外，在彩绘木块中，在黏土中，在蜡中，什么也没有。

第二部分 ◎ 与印象派之争 (1885—1889)

现在，巴黎的艺术理论已经不能教给高更任何东西。他必须找到自己的出路，创造自己的理论。以类似的方式远离印象画派及其追随者点彩派的理论，高更艰难地探索着传统装饰艺术之奥妙，将一幅画视作一个整体以及单一情感的和谐表达方式。但是，饥饿又一次成为这位力求独立的艺术家的"亲密朋友"——他只得逃离巴黎，去寻找避难所。

《海边大石头》(Boulders by the Sea)，高更，1886年

《沐浴的布列塔尼年轻人》,高更,1886年

第二章

高更找到的避难所是位于布列塔尼（Brittany）菲尼斯泰尔省（Finistére）[①]的阿旺桥（Pont-Aven）。

毫无疑问，这次选择的位置及其环境对高更艺术产生的影响仅次于后来的塔希提（Tahiti）。事实上，塔希提的魅力难以抵消这次经历的影响。

欧洲凯尔特人的边界——康沃尔（英格兰郡名）、苏格兰高地、爱尔兰、威尔士、布列塔尼、加利西亚（西班牙西北部一省）——从自然景观到居民个性都具有很大的相似性。凯尔特人是流浪者。被文明和征服的巨浪一次次驱赶着，他们最终占有了那些地区。既然对征服者而言，那些地区贫瘠无用，因此凯尔特人反而能保持其不受破坏。在这些荒无人烟的地方的长期定居使凯尔特人变得富于

---

① 法国西北部布列塔尼大区省份，面积6733平方公里。

《阿旺桥近郊风光》，高更，油画，73cm×93cm，1888年

自然神秘感且守旧。如果不是在19世纪，也许他们还算不上什么——文明人（随着铁路的修筑）使这里变成一块奇异之地。由旅行者、末流艺术家和出版商所组成的群体，热情洋溢地谈论着布列塔尼、康沃尔或爱尔兰，把它们视作风景如画的夏季避暑胜地，由此显示，文明还是对野蛮进行了报复，既然后者如此想保留这种野蛮。

不能确定保罗·高更是不是去了布列塔尼寻找美景。如果他真的这么做了，

第二部分 与印象派之争(1885—1889)

那么他的画作就不会好过查尔斯·科特(Charles Cottet)或吕西安·西蒙(Lucien Simon)等人的作品。作为一位艺术家,高更真正的家在别处(正如他后来所发现的),在烦恼远少于这里的另一片天空下,在更多的热带植物之中。但是阴郁的惰性,神秘的宗教信仰,风车,小树,花岗岩海岸,巨石纪念碑,质朴单纯的土地,所有这一切都带给他原始、野性般的强烈冲击。更强烈的可能是海(自然界最不安分又最稳定的元素)的召唤。高更在外貌和举止上都像一名水手——他的眼睛,直截了当的谈吐,保守的高傲,自由不羁的举止,所有这些都能从他的早年经历中找到答案。在塔希提岛他见到了海,发现了还没有被文明所侵蚀的人群。最重要的是,他得以从永无止息的艺术理论的论争中抽身,那些争论犹如数不清的轻淡香槟酒瓶冒出的气泡,在巴黎的酒吧中不停地冒泡。塔希提岛带给他心中更强大的信念,开始驱散让他逐渐沉闷的19世纪怀疑论。

他第一次在阿旺桥待的时间很短。在那里值得一提的经历是埃米尔·伯纳德(Emile Bernard)的到访。后者那时年仅17岁,他与高更和其他画家的交往引

《布列塔尼农民》(Breton Peasants),高更,油画,66cm×93cm,1893年

《阿旺桥边洗衣的女人们》，高更，1886年

起了诸多争议，以至于必须通过细节加以考证。

  伯纳德属于新生力量，就像雨后春笋一样，在过度繁荣的艺术和文学论战中迅速冒了出来。16岁时，他写了具有强烈自然主义风格但极其拙劣的诗歌。接下来他开始画画，冒失地冲到塔希提岛去见高更，等待他的却只有冷淡，只好怏怏地跑回巴黎。在这里，他见到了刚从荷兰来的凡·高，当凡·高后来去阿尔时，伯纳德成为他最频繁的通信者。后来，他又听说"癫狂"的老隐士保罗·塞尚住在埃克斯（Aix），于是去了那里。这次拜访之后，双方开始通信。

  同时，他的绘画水平不断提高，从点彩派画家和新印象主义画派的技艺到对高更布列塔尼风格的精湛模仿，然后又将塞尚与高更的画风加以融合，并加入与杰诺姆（Gérome）风格相去不远的东方题材。他就这样模仿着每个人，最后只能成为单调的折衷主义者——就像法国人说的"消防队员"或我们所说的"学院派"一样。因此他正好印证了高更带讽刺性的预示——"伯纳德将像本杰明·贡斯当（Benjamin Constant）一样死去。"

第二部分 ◎ 与印象派之争(1885—1889)

《晾衣服的布列塔尼妇女》，埃米尔·伯纳德，1889年

不管怎样，我们应当感谢伯纳德，他留下了凡·高所写的优美信件；我们更应当感谢他留下了与塞尚谈话的珍贵记录和通信，从而可以管窥塞尚这位顽固的禁欲主义者的内心苦闷。但是我们不会因此感谢他——作为第一个模仿高更画风的人，可以说他实际上损害了后者的艺术声誉乃至个人形象。当然，这是后话了。

《拾芒果》(Picking Mangoes),高更,1887年

第三章

1886年冬,高更重返巴黎。在这里,他遇到另一位艺术家,后者注定将对他产生迥异于伯纳德的影响。

他叫文森特·凡·高(Vincent Van Gogh),刚从荷兰过来。在一篇名为《玫瑰虾》的散文中,高更记录了对凡·高的第一印象,这打破了以往的种种争议,证明高更虽然个性保守而且具有唯欧洲独尊的傲慢脾气,却衷心喜欢并赞扬凡·高。这一次,高更依然在苦苦探寻,耐心坚持,为实现自我而斗争。凡·高虽然比他年轻5岁,但本质上已完全实现了自我——实际上,从一开始就实现了。两者之间的差异在于,凡·高是一个出身微贱的农夫,宗教和野性的神秘结合对于佛兰德斯(Flemish)与荷兰艺术家而言是再普通不过的事(如勒鲁盖尔家族、鲁本斯、范哈伦等);而高更则是一个西班牙人,强硬且具有贵族气质,同时又受到世界大环境变化的影响,还被体内的法兰西血液牵引着。

对于凡·高来说,未来只需要坚守旨在让精神保持自由的太阳崇拜,这在他的作品中已经被提升到犹如抒情诗般令人迷醉的至高境界,以至于损伤了创造这些的大脑。对于高更来说,未来依然是一场漫长而艰苦的斗争,他要挑战自己半欧洲人的讽刺性命运,直至生命终结。他要做的就是打破自身梦想的体系。

也许从某种程度上而言,这两个人不应该相遇。但是他们的相遇以及此后在两者之间发生的故事,具有了希腊悲剧不可或缺的特质。刚开始,他们的相遇并未带来什么,除了有一点——可能唤醒了高更这样的意识:一个伟大的艺术家必须像热爱艺术一样热爱生活。总之,一个人必须信仰宗教。但问题是,高更到哪里去寻找自己的宗教呢?

当然不是在巴黎,这座智力怀疑论的首都,也不是在昏睡而伤感的布列塔

《夜间咖啡馆》,凡·高,油画,1888年

第二部分 ◎ 与印象派之争(1885—1889)

《带查尔斯·拉瓦尔侧面像的静物》，高更，1886年

尼。他早年对热带风光的绚烂记忆开始在心底苏醒，于是，1887年，他动身去马提尼克(Martinique)，同行者是一位年轻的画家，名叫查尔斯·拉瓦尔(Charles Laval)。

毫无疑问，这次旅行展示给了高更他自己所定义的原始主义，尽管在此期间他身患重病，深受痢疾威胁和肠病之苦，而且拉瓦尔还差点丧命。

如果读者想知道那时的马提尼克岛是何等模样，不妨去看看拉弗卡迪奥·海恩(Lafcadio Hearn)①的《在法属西印度的两年》。像高更一样，海恩是一个清

《马提尼克乡间小路》,高更,1887年

醒的世界主义者,厌恶循规蹈矩的老一套以及西方文明中的世俗商业主义和呆板严苛的伪善;像高更一样,海恩发现西印度群岛展示的是一个尚未与自然失去密切关联的世界,一个人们可以快乐地和自然界的树、花、兽类等事物一起生老病死、和谐共处的世界;也像高更一样,海恩几乎被这种幻想弄得崩溃,但他仍然坚持将这种信仰保持到生命的终点。

在高更居留马提尼克岛期间所创作的画中,我们可以发现有关他后来行为的第一次有些隐晦的暗示——犹如一首神秘之诗,可以窥见生命、人类、植物、地球和海洋的生命,作为平等而和谐的神的所赐之物而展现,并且内在地融合成一个整体。

即便高更没有在马提尼克岛实现自我,那他至少已经开始迈上自我实现之

---

① 即小泉八云,原为爱尔兰人,1896年加入日本国籍,采用小泉八云一名,以写作充满异国情调的小说而闻名。

第二部分 ◎ 与印象派之争(1885—1889)

《马提尼克海岸》，
高更，1887年

路。但是没有受到抑制的太阳热力不仅逐渐晒黑了他的白种人皮肤，而且影响到其中流淌着的血液。高更就像海恩一样，心怀仁慈，在被放逐出伊甸园的同时，也被给予了一条通向未来的隐示之路。

不过，他的健康状况要求他必须回到法国。他是带着自己的画作回来的——试图努力调和炽热阴郁的热带风光与毕沙罗解析的北部苍白的日光。他同时也带回了成千上万的其他构思，尽管没能以画作的形式呈现出来。最重要的是，他带回了一个理想。

《深渊之上》(Above the Abyss)，高更，1888年

第四章

在游览了安的列斯群岛回到巴黎后,高更再一次陷入贫困之中。

他已经在马提尼克岛找到了审视艺术世界的崭新眼光,确信自己总有一天会名满天下。但是现在,他既没有住房也没有画室,更没有其他任何资源,只能靠救济过活。

埃米尔·舒芬内克向他伸出援助之手,这时的埃米尔,已经放弃了将艺术视作一种谋生手段的想法。舒芬内克不是一个天才,但他有赏识才能的本领,而且对需要帮助的同行颇为大方。令人遗憾的是,高更报答这样一位慷慨友善的朋友的方式,却是对他在艺术上横加指摘。

高更与朋友们的关系是他自认为生活中最痛苦的事情。对此,我们很容易联想到埃米尔·伯纳德的话:"高更的个性中有根深蒂固的自我主义。"也容易让我们想到迈耶·格拉斐(Meier-Graefe)的话,高更只是一个"伟大的孩子"。但

《池塘边》(By the Pond)，高更，1887年

是，这些观点并非完全正确。

应该记住的是，高更是一位激进派记者的儿子，是一位社会主义宣传家的外孙。法国的新闻业和英格兰不一样，极少客气文雅的新闻机构。针对伯纳德，高更总是说，艺术和生活需要"拳击"。保罗·德鲁莱德（Paul Déroulède）、埃蒙德·德拉蒙特（Edmomd Drumont）、亨利·罗什福尔（Henri Rochefort）、奥克塔夫·米尔博（Octave Mirbeau）、左拉、克列孟梭（Clemenceau）和其他德雷福斯事件期间（法国新闻业鼎盛期）的著名记者都深知"拳击"的含义，并利用每一个时机将这一理念付诸实践。

此外，高更已年近40，在和这个世界对抗多次以后，在生命的历程中一次次将自己逼入与梦想面对面却困窘不已的绝境。可能正是因为顾念妻儿，他觉得自己受到束缚，必须尽可能地赚钱养家。最后，哪怕没有一个人这样认为，他依然

第二部分 ◎ 与印象派之争(1885—1889)

视自己为艺术家。这个世界通过不断锤打让他认识到,一个人要么必须有坚定的自我认同,要么只能成为被蔑视的对象。正如他的反躬自问:"难道谦逊是必须的吗?或者,换句话说,愚笨也是必须的?"

因此,他并不反对使用舒芬内克提供的画室,尽可能地卖掉自己的画,同时又张扬地讥笑舒芬内克想要绘画的徒劳努力。后来,我们发现他用同样的方式接受了凡·高的好意,却无情地刺激后者,以至其出现癫狂的症状。甚至在凡·高死后,高更将凡·高已经受到一致认可的画展作品送给了伯纳德,并加以诋毁,想以此证明凡·高不过是一个疯子。再后来,当凡·高的声名开始与日俱增时,高更则宣称凡·高曾师从于他并且称他为老师。

如果我们将高更看成一个普通人,那么他以上的种种个性特点实在令人叹惜。但是如果我们真的将天才视作普通人并认为他们应当符合大众的标准,那么可以说,人类历史上从未出现过值得青史留名的天才。高更违背良风雅俗而行,

《画向日葵的凡·高》(Van Gogh Painting Sunflowers),高更,油画,73cm × 91cm,1888 年

正如米开朗基罗认为拉斐尔密谋反对他、柏辽兹(Berlioz)对瓦格纳(Wagner)的音乐持保留意见一样。要理解高更,必须在一定程度上同意福楼拜的看法——顺便说一句,勃朗宁(Browning)对此也基本认可——这个人怎么样无足轻重,他的作品才是最重要的。

要读懂高更自我强化的保守主义和自我认同的坚强决心是如何冲击当时的资产阶级的,并非易事。如果试图这样做,我们会发现一个人要是过于坚守自我的道路,就很容易导致几乎没有什么朋友。高更喜欢凡·高,但并不理解他;他喜欢丹尼尔·德·蒙弗雷德(Daniel de Monfreid),可能也理解他。而蒂呼拉(Tehura)①作为一个被理想化的模糊的人物形象,则可能是对高更产生重大影响的唯一一位女性。

普维斯·德·夏凡纳,作为高更受其恩惠甚多的艺术家,也和高更一样游离

《梦》,普维斯·德·夏凡纳,油画,1883年

---

① 高更在塔希提岛的一位最重要的女性伴侣,与高更结婚时年仅13岁半,也被称作蒂哈阿曼娜。

第二部分 ◎ 与印象派之争(1885—1889)

《布列塔尼的猪倌》，高更，1888年

于社会之外。德加和安格尔也是和高更同类型的艺术家。古希腊的索福克勒斯（Sophocles）亦是如此。

  这世界上真正强健的精神并不只停留在事物的表面。一个人只能与之产生共鸣，在漫长而坚忍的学习中体验这种精神的理想境界。高更并不总是如此强大，他自己也承认，在某些方面他是很脆弱的。但是，随着自己的目标日益明朗化，他对待创作也越发充满活力与能量。舒芬内克的画室在他这里发挥出应有的作用，他一直待在巴黎，一边尽可能卖掉更多的画，一边摹画马奈的《奥林匹亚》，这是一幅他极力褒扬的作品。然后，他又一次踏上了前往布列塔尼的旅程。

《美丽的恩琪拉》,高更,油画,92cm × 73cm,1889年

第五章

尽管在离开巴黎之前，高更举办了第一次个人画展并卖出了一些作品，但是总体上而言，他的境遇并没有改变多少。他依然债务缠身，而且自从在马提尼克染疾以后，他的健康状况一直不佳。

他已经到了这样一个年龄——对于大多数人来说，开始逐渐地瞻前顾后并算计未来能有几分好运——而对于高更而言，这样的好运太渺茫。一想到自己难以实现艺术梦想，他便心碎不已。

这时，在阿尔的文森特·凡·高主动给高更提供住处，而事实上前者自己的画也卖不出去，完全依靠弟弟提奥的无私援助。

高更一度对凡·高的慷慨相助毫无回应，也不与他分享自己的艺术心得和经验。但他还是送给了文森特一幅自画像，一幅灰暗却充满力量的画像。有些人认为，这幅自画像与罗伯特·路易斯·斯蒂文森（Robert Louis Stevenson）惊人地相似：高更和后者一样犹如一个流浪者，却似乎又与其存在着不同。对于凡·高而言，这幅画展现的却是一个囚徒，有着黄色的肌肤和深蓝色的阴影。他甚至决定画高更从深陷的泥沼中脱身的情景，还想和他一起合作以共同树立两人的声望。

我们只能对凡·高的决定加以褒扬。一位有着孩童般单纯灵魂的艺术家，一个他所喜欢的堂·吉诃德、善良的撒马利亚人和拿撒勒的耶稣的混合体，可以说，凡·高做人比做艺术家更伟大。但是高更，正如他自己后来所认识到的，与其说是一个好人，毋宁说是一位伟大的艺术家。对他来说，接受一位熟人的邀请是再自然不过的事情，毕竟，稍微提及一下，他也看出来了，这种接受对自己无疑是

《阿尔的卧室》，凡·高，油画，1888年

有益的。

不幸的是,凡·高的热情并没有得到相应的回馈,因为高更身上有一种不安、保守而强大的力量。凡·高则是那种追求灵魂纯净真实的人,不可避免地会走向威廉·布莱克(William Blake)所牵引的道路:

> 我将陷入自我灭绝和永恒的死亡;
> 以免当最后的审判到来时,发觉我依然在这个世上;
> 现在我被抓住,送到自我手中。

高更的人生之路则朝向不同的目标,正如惠特曼所预示的:

> 嗨,向困境宣战,无畏地面对敌人!
> 一个人孤军奋战,以此证明自己能有多坚持;
> 直面冲突、折磨、牢狱和众人的诋毁,
> 安放好绞刑架,心怀完全的蔑视,向枪口进发,
> 成为真神!

凡·高是一位抒情诗般的画家,他的愿望迷失在神的极乐世界之中。高更则是一位小说家和史诗般的画家,他的目标旨在通过自我实现以达到神一般的高度。

在伦勃朗、德拉克洛瓦、蒙提切利(Monticelli)、齐埃姆(Ziem)的狂热推崇者与以安格尔、塞尚、德加的古典传统为蓝本进行辛劳创作的画匠之间,存在什么相同之处吗?可能这种共同点比米开朗基罗和丁托列托之间的还要少。

几乎可以不假思索地断言,在高更和凡·高之间注定会发生戏剧性的故事(高更和凡·高从1888年10月20日至12月23日确实待在一起)。我们只能从高更的评述中了解到具体发生了什么,即凡·高如何先攻击他,然后试图自尽。

《割掉耳朵后的自画像》，凡·高，油画，1889年

此后，凡·高在精神错乱的痛苦折磨之下，自愿去了阿尔的一家精神病院。在那里，一方面他对生命的掌控日益微弱，另一方面则被内心疯狂的激情所吞噬，由此他画出了被太阳炙烤着的世界。高更则回到了布列塔尼，如他所说，"武装起来，对抗所有的痛苦"。但是他也发现了一些东西。在坚持画凡·高像的过程中，他看到一个幻象，如果再次套用他自己的话，就是"耶稣在宣扬仁爱和谦卑"。也许，当文森特处于痛苦煎熬之中时，当他面无血色、死气沉沉地躺在那间他所钟爱的小房子的床上时，当他如此全情投入地作画时，高更的脑海中却浮现出基督在阴暗的客西马尼花园中的画面。

也许，高更所渴望的有关和谐的观念因此被唤醒了，并且更为清晰。那是灵

第二部分 ◎ 与印象派之争(1885—1889)

《在花园中苦恼》(The Agony in the Garden),高更,1889年

与肉、自然与神灵、地球与点缀其上空的群星之间的和谐统一,他一直追求着这样的和谐,直到生命的终点。他努力实现着这一切,尽管他身上那些被文明化和不再纯净的阴暗部分不断破坏着这种和谐,而且始终以卑劣的方式冷笑。

《有黄色基督的自画像》(*Self-Portrait with the Yellow Christ*),高更,1889年

第3部分
阿旺桥画派
(1889—1891)

1889年,巴黎世界博览会情景

第一章

1889年，巴黎在战神校场举办了世界博览会，以庆祝攻占巴士底狱一百周年。这次博览会上展出的作品以及当时为放置展品而修建的宫殿如今已不知所踪，除了引人幽思的埃菲尔铁塔以外。

被本次博览会接纳的画作，自然也受到学术权威的认同。因此那些碰巧光顾博览会入口附近的沃尔皮尼咖啡馆的参观者无一例外地被墙上那一百幅画所震惊，它们被有计划地放置着，以调动起游客们的艺术敏感细胞。尽管有一张目录，但他们的困惑与迷乱并未减轻多少，这张目录还有这么一个标题："印象主义画派和综合主义画派画展名录，M.沃尔皮尼咖啡馆主办，战神校场，1889年。"

画展作者都是沃尔皮尼咖啡馆值得尊敬的老主顾，但大多数并不知名。他们是：埃米尔·舒芬内克、埃米尔·伯纳德、查尔斯·拉瓦尔、路易斯·安奎宁（Louis Anquetin）、路易斯·罗伊（Louis Roy）、利昂·福歇（Léon Fauché）、乔治·

丹尼尔（Georges Daniel）、卢多维克·尼莫（Ludovic Nemo，伯纳德的一个假名）以及最后的保罗·高更。在黄纸上印以黑色的平版画并不比绘画逊色，且同样具有很好的视觉效果。这些是由伯纳德和高更完成的。

　　这次画展引起了公众的嘲笑与报纸的诘难，也激发了巴黎各类画室中年轻学徒们的激烈争论。一些更大胆或更有远见的精英人物则开始着手验证这些新思想。他们中的某些重要人物如朱利安美术学院的塞律西埃（Sérusier）甚至动身去参观这场新运动的诞生地——一座位于阿旺桥附近的勒布多的孤零零的小旅馆，由格罗尼克（Gloanec）家族开办。

　　说到这里，我们有必要简要地回顾一下综合主义的发展历史，以便更好地理

《威尼斯大运河》，马奈，油画，1875 年

第三部分 ◎ 阿旺桥画派 (1889—1891)

解这一新派理论。印象派已经被视为以卡巴内尔(Cabanel)和布格罗(Bougereau)为代表的学院派的主要反对者。这一新运动的第二个阶段已经结束,正进入第三个阶段。印象主义画派最早的领袖马奈坚持认为,一幅画就是通过一种气质展现出来的自然。换句话说,一幅画必须是自然的。这种学说能在龚古尔、莫泊桑和左拉的作品中找到相似的文学表述。因此,印象主义的第一个阶段具有综合性并将形式提升到一种信仰的高度加以推崇。

接下来是解析时期,建立在对路德(Rood)、谢弗勒尔(Chevreul)和赫尔姆霍茨(Helmholtz)有关光线与色彩的科学理论的应用的基础上。对于克劳德·莫奈这位印象主义流派的创始人而言,一幅画中除了空气之外,其他都不重要。形式被弃置了。

在莫奈、雷诺阿、毕沙罗、西斯莱、圭莱明(Guillamin)之后,一个以修拉(Seurat)、西涅克(Signac)为代表的新画派试图将以往两种画派先行者的主张相融合。他们保留了形式的地位,同时把色彩解析成细碎的小点。由此,第三代

《日出·印象》,莫奈,油画,1873年

《阿尼埃尔的浴场》，修拉，油画，1883—1884年

印象派画家诞生了，他们被冠以新印象派的名号，但现在更普遍的称呼是点彩派画家。

这时，有三位艺术家站出来反对科学化的理论趋向。普维斯·德·夏凡纳身处官方沙龙之中，创造了一种十分独特的艺术，既类似于卡巴内尔和布格罗的平淡而折衷的逼真写实风格，也与马奈和莫奈的作品特色很接近。夏凡纳是一位善于思考和创作壁画的装饰画画家，在长时间的艰苦努力后，终于形成了自身独特的综合画法，将团块、轮廓和色彩毫不犹豫地简单化。带着保守、冷漠而孤独的风格，他清空了自身艺术中所有华丽的着重点，在晚年日益倾向于乔托（被尊奉为欧洲绘画之父）画法的运用。

埃克斯的隐士保罗·塞尚则开始面对如何使用印象派的调色板问题，同时要保留自己真正的精神导师——威尼斯画派和埃尔·格列柯（El Greco）——的大部分结构。结果，人们认为他是个疯子，把他看成一个怪人，因为他远离巴黎而

第三部分 ◎ 阿旺桥画派（1889—1891）

居，而且在很长一段时间内都没有画作问世。最后一位是德加，一开始就把自己和印象派联系起来，并且谨小慎微地维护着安格尔的古典线条和构图（后者也许能被称作最后的佛罗伦萨画派画家）。德加并不被视为特别重要的艺术家，因为不像马奈，他不喜欢四处炫耀。这位画家在巴黎过着一种隐居式的生活，也不展出自己的画作。

这三个人——夏凡纳、塞尚和德加——通过自身的努力成为了综合主义画家。但是他们中没有一个人致力于弘扬综合主义，因为他们不过是无意中信奉了这一信条。这一学说最早为人所知是在1889年的沃尔皮尼咖啡馆，包括保罗·高更在内的画家们把它公之于世。那些画家们和高更一起住在阿旺桥附近的格罗尼克旅馆，一起在那里作画。正是从这些人开始，反对印象主义的活动波及开来，

《圣维克多山的松树》，塞尚，油画，1883—1885年

高更，他的生活与艺术
Paul Gauguin: His Life and Art

《黄色干草堆》(*The Yellow Haystack*) 高更，1889年

第三部分 阿旺桥画派（1889—1891）

并促使人们挑战有关线条、色彩和形式的数学及抽象分析原则，正如我们所知的立体主义、未来主义和漩涡主义一样。围绕在高更周围的这些人锻造了艺术传统之链上的最后一环，通过乔托（Giotto）和契马布埃（Cimabue）回到了拜占廷镶嵌艺术那里，回到了最初的洞穴和原始艺术那里。从立体主义、未来主义和漩涡主义那里，我们可以见证新传统的萌生；从高更及其同行那里，我们则看到了旧传统的复兴。

《栅栏门》(The Gate),高更,73cm × 92cm,1889 年

第二章

早在1886年,在《独立评论》杂志的一篇文章中,著名评论家爱德华·杜雅尔丹(Edouard Dujardin)就谈及,有一群画家自称景泰蓝派,用黑色的线条将画面的平板色块分隔开。

实际上,景泰蓝主义(Cloisonnism)作为一种绘画方式,与景泰蓝式彩饰法相比,更多地借鉴了日本浮世绘版画艺术家的技艺。浮世绘版画艺术鼻祖是葛饰北斋(Hokusai)、安藤广重(Hiroshige)和喜多川歌麿(Utamaro)。人们大概还记得,从1865年开始,左拉、马奈、莫奈、惠斯勒和龚古尔兄弟等——简言之即自然主义的每一代中坚人物——都收集了一些浮世绘版画作品并加以介绍和评论。高更于1889年底返回巴黎时,在自己的画室墙上也挂了一些葛饰北斋和喜多川歌麿的版画作品。

但是,这种带有巴洛克风格的外来画派的出现(其领袖人物为安奎宁,后来

葛饰北斋作品《富岳三十六景——神奈川冲浪》

被归入综合主义画派),并不能完全解释综合主义的运用。后者更强调整体上的修饰,与意大利先民的艺术有着更密切的联系。

说到综合主义的起源,我们持有与当代的看法不一致的观点——

英国艺术家A.S.哈瑞克(A.S.Hartrick)曾于1886—1889年在巴黎学习,并和高更、凡·高都有私交。这位画家将综合主义理论如此归因于高更——

> 通过对13世纪玻璃制品的研究,高更形成了有关设计和色彩的观点,这契合他自身发展的实际情况。然后,他进一步将其建构成自己的艺术,用油画作为一种表达方式。①

---

① 《后印象主义》,A.S.哈瑞克著,1913年5月出版。

第三部分 ◎ 阿旺桥画派（1889—1891）

负有盛名的法国艺术家和作家莫里斯·丹尼斯（Maurice Denis）也持类似的看法，他为推广高更及其艺术做了大量工作。在其著作《理论》（1912年出版）一书中，他宣称高更是一场新运动的"无可争辩的创始人"和领袖。对于这场运动，莫里斯给予了两个称谓："新传统主义"和"象征主义"。1890年，他为该运动写了第一篇介绍性的文章，其中涉及保罗·塞律西埃的评论，后者是1889年以后高更最早的信徒之一。丹尼斯的文章中包括如下有趣的段落：

难道不是保罗·高更创造了这段富于独创性的、未公之于众的造型艺术历史？

最初是纯粹的错综图饰，几乎不能迷惑视觉，只有对称的点和协调的色彩——彩绘玻璃、埃及绘画和拜占廷镶嵌工艺。

接着是带有绘画风格的浅浮雕技艺：希腊神殿的排档间饰以及

《带日本版画的静物》，高更，油画，72.4cm × 93.7cm，1889年

中世纪的教堂。

15世纪，意大利先驱者重新恢复能产生视错觉的装饰古法，将浅浮雕工艺替换为在造型上模仿浅浮雕效果的绘画技艺，但是在其他方面保留装饰的整体性。典型实例如雕塑家米开朗基罗对西斯廷教堂穹顶的装饰。

这种造型艺术很完美，是一种高浮雕，引领了最早的卡拉奇（Caracchi）学派并延续到我们的颓废派文艺。

埃米尔·伯纳德对此持反对意见。他的观点最初刊登在《法兰西水星》杂志上，并在《凡·高通信集》的序言（1911年出版）中得到重申。伯纳德反对安奎宁和阿特利尔·柯罗蒙（Atelier Cormon）①，而且，据我们所知，他在1886年曾遭到高更的拒见。在巴黎短暂停留后，他去了圣布里亚克②。在那里，他在旅

《创造亚当》（《创世纪》局部），米开朗基罗，壁画，1508—1512年

① 被称为"最学院派的画家"，具有细致、写实的自然主义学院派画风。
② 法国西北部的一个小镇，位于布列塔尼附近。

第三部分 ◎ 阿旺桥画派（1889—1891）

馆的墙上涂满壁画，还仿照彩绘玻璃技法，用松香精在窗户上作画。1888年，在高更到阿尔之前，通过凡·高从中调解，伯纳德再次被引见给高更。尽管他年轻得足够当高更的儿子（那时年仅20岁），但已经与高更共享了沃尔皮尼咖啡馆举办的展览会的荣誉。

伯纳德宣称自己独自创立了综合主义，而且有高更1888年以前所画作品（都标有日期）为证。那些作品明确地反映出高更在技艺上仍然是一位印象派画家。伯纳德还坚持认为，在1888年两人的第二次见面之后，当高更看到自己年轻对手的画作时，马上改变了自己的画风。此外，伯纳德进一步强调，这种风格仅仅建立在对塞尚发现的相关技艺的应用的基础之上。

为了驳斥以上言论，我们可以列举出如下理由：

第一，我们知道，高更在1887年居留马提尼克岛期间所创作的作品毫无疑问是综合主义技法的尝试，因为马提尼克岛的热带风光让高更觉得无法用印象派的点彩法描摹出来。而作为完全遵从本性来创作的艺术家，高更在马提尼克岛开始朦胧地意识到，一个人不可能像毕沙罗和其他印象派画家所尝试的那样，用人工分解色彩的方式实现光的自然分解。因此，他力图通过简化和扩大色彩对比的办法来将太阳光转化成色彩。

第二，伯纳德的分析不能说明为何不是别人而是高更在1888年以后创作了诸如《黄色基督》、《绿色基督》和《布道后的幻觉》（目前所知的是《雅各布与天使的搏斗》）等华丽雄浑的作品，并雕刻出两座极其精美的浅浮雕《坠入爱河你将会快乐》和《保持神秘》。此外，如果有人认真看过凡·高写给弟弟提奥的信，就会发现，1888—1889年间，伯纳德在与高更联系的过程中将自身置于学生的位置。

最后，即便伯纳德的说法有部分是正确的，即他的自我尝试的确促使高更弃用残存的印象主义，那么他的描述仍然难以解释为什么在他们的第二次会面之后不久，高更的画作中就体现出了对综合性象征主义的熟练掌握。

要追溯塞尚有关综合性印象主义的尝试中更严格的线条和装饰性设计究竟是来自伯纳德还是高更，这几乎是不可能的事。稍后，塞尚甚至声称高更误解了他。

《绿色基督》,高更,油画,92cm×73cm,1889年

由此可见,A.S.哈瑞克和莫里斯·丹尼斯的看法更切合事实——高更是综合主义画风的独创者。这种风格可能主要源自对13世纪玻璃制品的认真研究,并完美地契合了高更的想法:将阳光的作用转化成明亮的色彩。但是,这一风格也源自埃及绘画、拜占廷镶嵌工艺以及日本的挂在墙壁上的画轴。一言以蔽之,它是对印

第三部分 ◎ 阿旺桥画派（1889—1891）

《女奴》，安格尔，油画，1839年

象主义的彻底弃用，是对旨在平衡已被各个时代的人们实践并保存下来的色彩与形式的线条图饰和装饰空间的回归（存在于19世纪，也存在于高更所推崇的一些艺术家的作品之中，比如安格尔、普维斯·德·夏凡纳、塞尚以及德加）。

《花园椅子上的水果盘》,高更,1890年

第三章

尽管沃尔皮尼咖啡馆的展览给高更带来的影响并不是那么好,但各种厌恶了学院派的"艺术收据"(高更语,意指遵循刻板的艺术教条和规则进行绘画创作)的年轻艺术家们依然纷纷动身去阿旺桥。这些人中便包括保罗·塞律西埃、沙玛洛德(Chamaillard),以及荷兰画家德·哈恩(De Haahn)。

在这些行动的影响下(尤其是塞律西埃,头脑中充满了形而上学思想和新柏拉图式的神秘主义),高更开始成为一种具有明确信仰的精神导师。到那时为止,他已经成为了像安格尔一类的艺术家,完全凭直觉创作,一只眼睛盯着传统,另一只眼睛则关注自然。但是他的新门生们迫切需要一种理论,一种因痛恨教条而试图创建的新规则。

艺术家特别不愿意为自己辩解。在不把时间浪费在争论这一点上,惠斯勒并不是唯一的典型。人们总是喜欢教条式地去解析艺术家的创作方法。所有的艺术都是一种综合艺术,没有一位艺术家能同时既运用综合技法又运用解析技法创作。

高更，他的生活与艺术
Paul Gauguin: His Life and Art

《在阿旺桥跳舞的布列塔尼女孩》，高更，油画，93cm × 92.7cm，1888年

高更也不例外。举个例子，他经常被引用的有关主色调的论述——

要始终采用来源一致的色调。靛青最好。它在硝石中会变成黄色，在醋中变成红色。你能在任何药剂师那里找到它。就用这三种颜色。

然而，高更自己却并未完全遵循这种规则。看一下他的调色板就知道，从左至右的色彩是这么排列的：青蓝，银白，宝石绿，维罗纳绿，赭黄，深褐，铬黄，

第三部分 阿旺桥画派(1889—1891)

朱砂红以及绯红。艺术家们都知道这些颜色中有不少是容易变化的危险颜料,不管是单独使用还是混合使用。

关于色彩,高更还有另外一句名言:"追求和谐,不要对比;追求统一,不要冲突。"这句话不仅与前文有关主色调的引言相对立,而且与其他同样著名的格言相矛盾。比如:"这株树干看上去像你的蓝色吗?尽可能画得蓝些",或者"一英里绿色是比半英里更多的绿色"。

因此,总结贯穿高更观念中的主线比单纯引用这些或那些自相矛盾的话更有意义。高更并不是一个在理论上有高深造诣的人,但他是一个创造者。他甚至拒绝被称为一名装饰家而更乐于接受画匠这一称谓。他直截了当地说自己没有技艺,"或者可能我有,但是飘忽不定,易于变化,由此我觉得当我在清晨醒来时,一门我自己所喜欢的技艺,一门可以表达我思想的技艺,一门无需考虑大自然的真理的技艺,开始显现出来。现在人们认为所有用于绘画的技术手段已经被用光了,但是我不相信,从我所付诸实践的无数观察结果中就可以判断出来……画家

《带苹果、梨和陶壶的静物写生》,高更,油画,28cm × 36cm,1889年

们还是大有天地可为的"。

所以，高更大胆地称自己的学生为"无政府主义者"，并且用如是口吻教育他们："做自己喜欢做的事，只要它是明智之举。"但是，这并不妨碍他对艺术传统的极大尊重。他明白传统并不是一剂"制造艺术的处方"，而是过去的人们解决今天的艺术家们同样会碰到的问题所形成的集体智慧的结晶。艺术正是这一宗旨的永无止境的更新。"艺术家不是作为单体而生。如果他能在业已产生的链条上增加新的一环，那就足够了。艺术家是以其转化事物的才能而闻名的。"

他所追求的这种"转化"清晰地展现在他的作品中。他不知疲倦地更新着高超的威尼斯装饰艺术，将前人尤其是古埃及图案中的柔和线条加入威尼斯式的鲜艳的色彩中。他想做的和普维斯·德·夏凡纳是一样的，即如何在一面平整的墙

《幻想，穿红衣的女子》，高更，1891年

上画满图案和色彩，使之依然留下一面墙，而不是像委罗内塞（Veronese）[①]和泰波罗（Tiepolo）[②]那样，只留给观众一幅舞台剧般充满视错觉的作品。普维斯最终通过降低色阶和简化图形的方式解决了这一问题。高更则采用消除立体感和色调层次感以及使画作轮廓具有浓烈的装饰风格等方式解决了上述问题。

在每一幅作品中，高更都寻求最基本的形式，这一形式也包含着所有其他不重要的形式。正如塞律西埃所言："综合艺术理论在于将整个形式化为最小数目的构成元素——直线、圆弧、一些角、椭圆弧线等。"为了达到这种形式，他追求最和谐的色彩平衡。莫里斯·丹尼斯说："回想这样一幅画，前面是一匹战马、一具裸体或一些奇异之物，必须有画满色彩的平面来排列这样一些事物。"

最重要的是，高更告诫学生不要一味地依赖于模型而应当遵从于记忆来作画。他承认对于年轻画家而言，以模型为标准的确能起到作用，因为所有关于事实的知识只能从模型的学习中获得。但他补充道，当画一幅幕帘时，在一座模型前画它比较好。他的一个学生说："我们去乡间画海景，去海边画山水。"

在这方面，高更的教育与杰出的中日画家已实践了数世纪的做法基本上是一致的。他很喜欢一位中国画家的故事，这位画家被皇帝派去画全国最著名的风景，但他却两手空空地回来了。皇帝问他："你的画呢？""在我这里。"——他指着自己的前额回答道。高更讨厌仿照自然或前辈大师来作画，他很赞成中国的"临摹"观——一种根据个人喜好所进行的对既有材料的自由重组。

最后，他忠告自己的学生，不要画动态的事物而应该画静物。"让自己画的每一个事物呼吸平静，心境祥和。避免所有的运动状态。你的每一根手指都应当保持完美的稳定性。赋予每一个事物以清晰的轮廓。"这种看法听起来如此令人称奇，以至于被喧嚣的现代生活以及立体主义画派、未来主义画派和漩涡主义画派所张扬的理论淹没。但是对高更来说，这是他的神秘宗教信仰的基础所在。不过，他之所以要将这种观念推介给全世界，并不是由于这一原因，而是因为他认识到装饰性的绘画必须与建筑有关。他自己就是一位建筑师，一名画匠。在布列

[①] 意大利威尼斯画派画家，融合提香、米开朗基罗、拉斐尔等人之所长，形成了自己的独特特点。
[②] 意大利画家，对透视、光线、色彩和构图有很深的造诣。

《玫瑰花与小雕像》，
高更，1890年

塔尼岛，他在所住旅馆的墙壁和窗户上作画，制作家具，给自己雕刻并装饰出一双木鞋，还动手雕刻浅浮雕，制造装饰性陶器。随时随地在工作，一刻也不停歇，总觉得那座理想的建筑物的线条不够好，就这样，他一步步构建着自己的梦想。

这就是保罗·高更的信条。这样的观点可能具有革命意义，也许这话听起来有些奇怪。不管怎样，在数世纪的时间里，这样的观点在远东艺术中已经很平常。无论是否具有革命性，高更依然平静地继续着自己的路。从他与别人的通信以及好友们的评价中可以看出，这位"无政府主义者"终生保持着对历史上诸多艺术家的极大尊重，这已成为不争的事实。特别是伦勃朗，当高更处于神秘而充满梦幻的状态时，他通常会求助于前者，在他有关塔希提岛的不止一幅的画作中都可窥见前者的影响。委拉斯贵支（Velazquez）、鲁本斯（Rubens）、普鲁东（Proudhon）、柯罗（Corot）、惠斯勒——高更能从这些人物以及梅姆林（Memling）

和荷尔拜因（Holbein）的身上学到东西。至于他的学生是如何在遵循其规则中体现各自的才干的，可以从高更对其中一个学生的评价中窥见一斑："他已经画得如此娴熟，以至于所展现的缺点显得并不重要。"此外，他的另一个学生莫里斯·丹尼斯的第一幅综合主义画作竟然是画在一盒雪茄的盖子上！

《复活节的早晨》，莫里斯·丹尼斯，油画，104cm × 102cm，1891年

《布列塔尼的收获》，高更，1889年

第四章

我们这一阶段要做的是对高更的神秘法则及其继续进行的精神斗争作出解释：这场斗争最终以他否认文明和认同塔希提的异俗野风而结束。

像我们已了解的那样，高更本质上并不适合当老师，他只是刻意做老师而已。特别是从他那隐秘且具有很强的自我主义的角度来看，他总是在小心营造着一种高傲而保守的氛围。在对待艺术的问题上，他满足于对自己那些武断的且自相矛盾的观点加以阐述，常常是一旦有人提出异议，便通过更激烈的冲突方式加以强化。

对于他来说，如果别人坚持与自己相反的意见，他顶多只会斜瞟一下那些冷漠而阴沉的眼睛——这样的应答方式反而经常使反对者陷入尴尬的沉默之中。

不过，我们得庆幸他的各种零散笔记被保存了下来，那些笔记写于他绝望而孤独的最后岁月中，传递出他的宗教观与政治观。现仅将其中的一部分摘录

如下——

如果我凝视着自己进入太空,我会产生一种"无限"的幻觉。不过,我只是那已经开始了的事物的结束。然后,我明白了,我已获得重生,并未结束。

在这里,我无法解释究竟何谓神秘主义,只有这种神秘的神秘感——这种感觉与信仰密切相连,存在于耶稣所承诺的永生之中。

但是接着,如果我们来到这世上,我们内心尚未准备好,那我们就必须相信,在佛教徒看来,我们一直存在着。

皮肤的变化。所有这些如此令人惊异。

神秘是深不可测的,即便一直保持着已有和现有的状态,依然深

《布道后的幻觉:雅各与天使的搏斗》,高更,油画,73cm × 92cm,1888年

第三部分 ◎ 阿旺桥画派（1889—1891）

《保持神秘》，高更，浅浮雕，1890年

不可测。上帝不属于学者，也不属于逻辑学家。他属于诗人，属于他们的梦想。他是美的化身，或者说，他就是美。

从这些以及其他片言只语中，我们能大致理解高更在创作《黄色基督》和《基督与庭院中的橄榄树》，雕刻对比鲜明的浅浮雕《坠入爱河你将会快乐》和《保持神秘》，创作版画《蝉和蚂蚁》和《丽达》（在此画作上还刻有挑衅性的题词"心怀邪念者将自取其辱"）时究竟在想些什么。

高更是一个神秘主义者，天性喜欢探求宗教的启示，不属于哲学家和空谈家的圈子。他是自然而人性化的。在那些高层次的文明人那里，他只看到一套道德、政治和宗教的虚伪体系，将财富提升至人道的标准之上，给予思想家、艺术家和独立工作者以极小的生存权利。

高更反对19世纪已经常态化的物质主义，将耶稣基督视作一位起义者和抗争者，不过是一位失败的起义者和抗争者。真正的人道除了在这位"卖掉所有来救济穷人"的人身上存在以外,在其他地方未曾出现过。这位圣人可以并被选择"进入天国"。在下一代人身上,他预见到一个可怕的新世纪将降临欧洲:金钱的统治将毁灭人类。

因此,通过对基督的反思,高更对这种徒劳的牺牲感到绝望。他开始由基督徒转为纯粹的新教徒。在他的画作中,看不到仁慈的圣母玛利亚的光辉,只传递出人性中母爱的喜乐哀愁。

在《黄色基督》中,他让我们看到了信仰逐渐弱化的喻义,这种信仰已经无法将人类提升到应有的高度。在《基督与庭院中的橄榄树》中,我们听到了如此可怕的怒吼:"我的上帝,我的上帝,你为何遗弃我?"令人惊恐的小画《可怜

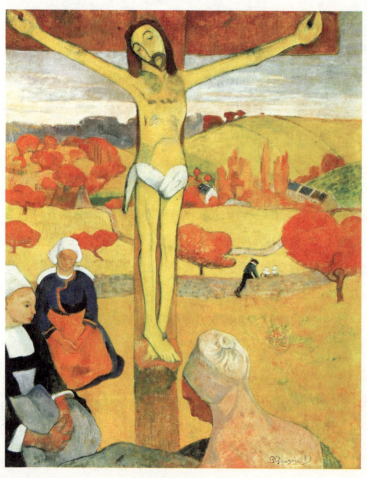

《黄色基督》,
高更,1889年

第三部分 ◎ 阿旺桥画派 (1889—1891)

的人类》则通过两个人物形象集中表达出对人类文明的妄自尊大和伪善的失望之情。甚至在后来具有塔希提风格的《基督的诞生》中,除了表现圣母的身体痛楚和疲惫之外,再无其他含义。在《我们朝拜玛利亚》中,圣母也只是被表现为一位幸福的人类母亲而已。

  从另一方面来看,他眼中的自然博大丰富,自由无拘,正如马提尼克岛,向他昭示着反叛、斗争和努力的无用以及顺从的宿命论。他逐渐相信,当人类不再对抗生老病死的无情法则时,才能更完善、更理性、更和谐。因此,他在创作中只画静物,画那种佛教所尊崇的平和与宁静。他对佛教知之甚少——实际上在他眼中,佛教也是一种对自然的徒劳抵抗——但是相对于基督教而言,他更推崇佛

《我们朝拜玛利亚》,高更,油画,113.7cm × 87.7cm,1891年

《坠入爱河你将会快乐》,高更,浅浮雕,1889年

教法则。实际上,在他的内心深处,根植着一种非常古老的思想,这也是他所有异教思想的核心:"人生苦短,尽情地吃喝玩乐吧。"

后来,他把这种思想写入有关塔希提风格的描述中——

> 在神的眼中,国王及其臣子最大的荣耀只有尘埃和唾沫。
> 在他眼中,纯洁和不纯犹如六条毒蛇之舞。
> 在他眼中,追寻佛道有如鲜花盛开之旅。

这些只是一个人对自身已觉醒的神秘感的长期冥思,而这个人连半个欧洲人都不算。由此我们便能理解,高更的浅浮雕《坠入爱河你将会快乐》所传达出来的愤怒和《基督与庭院中的橄榄树》所蕴涵的忧郁绝望实际上源于上述思想。那样的一种情感,正如我们所看到的,既不全是基督教的,也不全是异教的——尽管在其中,充满野性的异教元素逐渐占据更严苛的基督教的上风。因此,探讨高更作为一位艺术家更多地体现出哥特式风格还是传统风格,这种比较并无用处。实际上,哥特式风格和传统风格已经融入高更的体内,直至他生命的终结。在他的创作过程中,延续着一种渴望——晦暗、痛苦且彻底失败——对一种自然宗教的渴望:一种使人类顺从自然的宗教,一种他在余生中所奋斗的信仰——综合主义。

《两位塔希提女子》(*Two Tahitian Women*),高更,油画,94cm × 72.4cm,1889年

第五章

1889年底,高更已经拥有了一定的声望,但仍忍不住重返巴黎。他依旧缺衣少食,再次和埃米尔·舒芬内克住在一起。

在那一时期,自然主义开始在文艺界兴起,而印象主义则急剧衰落。巴黎即将进入美学的90年代。一个作家小团体出现了,核心人物是魏尔伦、马拉美和于斯曼。他们公开宣称对19世纪的反感和对传统的热爱,最初被称作"颓废派",此称谓不久便被弃用,冠之以"象征主义"。

高更作为一位英雄出场,成为象征主义的一个次要人物。他的反叛绝不是口号式的,他已切切实实地从自己的商业圈中脱离,完全与自己的家庭决裂。他已弃用印象派的科学原理并努力复原艺术的最初面貌,展现出粗野艺术和大众艺术永不枯竭的力量与活力。他穿着一身水手服,戴着一顶水手帽,外加一双自刻的木鞋来参加聚会,引起不小的轰动。高更很快就拥有了一群崇拜者,成

高更，他的生活与艺术
Paul Gauguin: His Life and Art

《带光环的自画像》，高更，油画，79.2cm × 51.3cm，1889年

第三部分 ◎ 阿旺桥画派 (1889—1891)

为一种象征。

一些评论家指出,受到这种奉承后的高更开始发生思想上的转变。事实上,在一种新的被推崇的表象之下,他依然是他。没有人比高更更不适应于生活在有教养的人群之中。从那段令人惊叹的金融职业生涯来看,在外人眼中,他真的已经成为了一名欧洲人;但这只是表象,而且这种表象随着他此后的流浪生活而消逝。在他沉默寡言和桀骜不驯的背后,是难以克服的羞涩感与厌恶。但是当他与孩子、农民或土著人在一起时,这种羞涩感却一扫而光。对于其他人,高更总是举止粗鲁,意在与其保持适当的距离。但总体而言,他成功了。

之后不久,舒芬内克发现他的客人(高更)又变得无法忍受,高更不得不去寻找更合适的住处。舒芬内克极少同情高更,他似乎从未认识到高更值得去爱和理解。失去了高更,他便失去了由高更带来声望的可能(其画室已经引起一些业余爱好者的关注,收藏着高更以及塞尚、凡·高和奥迪隆·雷东 [Odion

《舒芬内克一家》(*The Schuffenecker Family*),高更,1889年

Redon]①的一些画作及雕塑）。

不久，高更找到了一位更好的朋友——可能也是他唯一的真正的朋友——愿意让他使用一间画室。这个人叫丹尼尔·德·蒙弗雷德，顺便提一句，他曾使用乔治·丹尼尔的假名参加了沃尔皮尼画展。

像高更一样，德·蒙弗雷德也曾经是一名水手，具有将游艇驾驶当做一种娱乐的本领。每个夏天，他都会丢下调色板和画刷，带上自己非常熟悉的水手帽（这是他在一艘航海船上实习后赢得的奖品），登上自己那艘36吨重的纵帆船去地中海巡航。这项活动持续了很多年，直到他逐渐厌倦躲避海上封锁以及受制于日趋复杂的航海法而从海上引退，将自己的纵帆船提供给塞特海港的海军学校使用，一直到它最终被弃用。在这一段时期，巴黎艺术界的朋友都知道他是一个"船长"。经由舒芬内克，他被引见给高更，时间正好是高更于1887年从马提尼克岛返回巴黎之时。

到底是由于独立流浪的个性还是两者对海洋的共同爱好与经历（德·蒙弗雷德在地中海的经历使他成为一位善于运用色彩的画家），抑或是野性的率直与游荡的原始性之间存在的某种联系而使他们具有了太多的共同喜好，这些已经不得而知。但事实却证明，两人之间的友情是那种从未被破坏过的理想类型：这是所有艺术家都渴望的创造者和协助者之间的友情，但极少有人能拥有。碰到德·蒙弗雷德之后，高更享受了生命中的最后一份幸运。而这最后的幸运只享受了一点点，因为在接受了德·蒙弗雷德的好意之后，高更突然决定离开欧洲大陆去塔希提岛。

一封令人兴奋的信的发现澄清了长期以来有关高更为何作出上述决定的疑点（《边缘》，巴黎，1918年5月15日）。这封信是高更写给一位名叫威廉森（Willemsen）的丹麦画家的。高更碰巧注意或读到了一篇有关塔希提岛的演讲报道，作者名叫范·德·维尔（Van der Veere）。该人显然调整了自己讲稿的语气以迎合听众的流行口味。他将塔希提岛描述成一座不知金钱为何物的人间天堂。"在那片天空

---

① 法国象征主义艺术家，创作了大量的石版画，其作品被于斯曼称为"病和狂的梦幻曲"。

第三部分 ◎ 阿旺桥画派 (1889—1891)

《早上好,高更先生!》(*Bonjour, Monsieur Gauguin*),高更,1889年

下,没有严冬,土地肥沃丰产。塔希提人只需抬手便可采摘食物,因此他们无需劳作。对他们而言,生活就是唱歌和做爱。"很容易想象出来,如此一番描述对高更这样天生热爱宁静的人产生了怎样的影响。塔希提岛具有马提尼克岛无法实

现的希望，使他成为第一位热带画家的希望。高更的想象力被这一想法激发起来。他宣布自己从此离开欧洲大陆去塔希提岛居住。在那里，也许他能忘却过去的所有苦难，至死被巴黎遗忘，快乐而自由地画画（不慕荣耀，静心作画）。而且，如果他的孩子们也能到那里，就更完美了——他的孤立就真正完整了。（毫无疑问，高更读过法国作家洛蒂的书。他的信显示，当他决定去塔希提岛时，已经考虑了去东京①和马达加斯加的可能性。）

当听到这次旅行的消息时，年轻的象征主义者们高喊道："妙极了！"塔希提岛，另一个象征！他们已经严重败坏了高更艺术的严肃性，只顾拼命说服后者去尝试各种各样的象征性事物，比如创作一幅名为《失去童贞》之类的杰作，或者创作一幅背景中有爱伦·坡诗作中的乌鸦、象征马拉美的蚀刻画。他们迫切希望高更平安地远涉塔希提岛，以此来掩饰对这位昔日偶像日渐产生的厌烦情绪。

《失去童贞》(*The Loss of Virginity*)，高更，1890—1891年

---

① 东京（Tonkin），又称北圻，越南北部地区的旧称，首府在河内，19世纪末到20世纪中叶曾是法属殖民地。

第三部分 ◎ 阿旺桥画派 (1889—1891)

　　无论如何，高更受到隆重招待和宴请，他成功了。30幅作品在戴沃特旅店被拍卖出去，使他小赚了一笔——9680法郎。政府对高更的大洋洲之旅持赞同态度，并有意使之成为一场官方的"艺术使命"，当然，前提是他们不必为此承担任何费用。在伏尔泰咖啡馆举办了一场盛大的宴会，所有的象征主义者都到场了。高更对这次宴会及其他类似宴会进行了讽刺性的描述，清楚地表明了他对仪式的看法。最后，人们在艺术剧院为即将启程的艺术家和魏尔伦举办了一场义演。之后，高更迅速跌入生命中最后的悲惨岁月。（值得一提的是，高更并未从这场义演中获得经济收入，魏尔伦也只拿到很少的一部分。）

　　关于这场义演，最有趣的是在节目进行当中发生了极具讽刺性的一幕：莫里斯·梅特林克（Maurice Maeterlinck）[①]的戏剧《不速之客》第一次被搬上舞台。而死神就这样在高更眼前的舞台上漫步，似乎预示着他的将来。但是不管怎样，他都不会退缩。

　　1891年4月4日，高更离开巴黎，踏上前往塔希提岛的探索之旅。查尔斯·莫里斯（Charles Morice）在一本别有趣味的高更传记中断言，决定一旦做出，便无法收回；前往塔希提岛的使命被贴上官方赞同的标签后，高更的冷静自制顷刻瓦解，他垮了下来，止不住地哀叹。当莫里斯问其原因时，他回答得如此奇怪、悲伤而令人同情——

　　　　听我说……我从来不知道应该如何在我的家庭和我的思想之间游
　　　刃有余。直到现在，我仍不能很好地掌控我的思想。虽然我对未来还
　　　抱有希望，但现在我的感觉却比以往任何时候都要糟糕。由我自己所
　　　决定的这种自我牺牲是如此地可怕，但是已经无法挽回。

　　怀着这样的想法，高更摒弃了现代文明。

① 比利时剧作家、诗人、散文家，象征派戏剧的代表人物。

《芳香的土地》(*Fragrant Earth*),高更,油画,91cm × 72cm,1892年

第 4 部分
回归野蛮世界
(1891—1895)

《海滩上的塔希提女人》(Tahitian Women on the Beach),高更,1891年

第一章

塔希提岛是法属群岛中最大的岛屿，位于南太平洋。一般人可能不知道它，很多人也可能只是知道这座岛屿属于热带气候地区，容易受到海风的影响。它的风光是迷人的，当地居民则以容貌俊美和个性大胆开放而闻名。不过，也许每个人都有兴趣继续对这座岛屿上所发生的神秘种族故事有一个更全面的了解。塔希提岛、萨摩亚岛（我们大多通过英国小说家史蒂文森知道它）、夏威夷、新西兰以及马克萨斯群岛（梅尔维尔《白鲸》的读者应该熟悉它）在那个故事中是主要的关联点。这些岛屿都是在那时被发现的，在那里居住着源自同一种族的人们。从外形上看，这一种族迥异于头发卷曲的巴布亚新几内亚人和斐济人，也不同于直发的马来人（因为约瑟夫·康拉德的小说，我们熟知了他们）。这些岛上的居民属于波利尼西亚人，探险家们发现，尽管持不同的方言，但是岛民们都说同一种母语；而且，他们在很大程度上具有非常相似的社会组织结构、宗教信仰、行

《海边》(Fatata te Miti),高更,1892年

为方式和风俗习惯;此外,他们的许多传统源于同一个地方,即萨摩亚岛。而从萨摩亚岛到塔希提岛,中间隔着数千海里的海洋,人们彼此隔绝地生活,对那片土地知之甚少,只听说那里有很多珊瑚礁,经常刮起猛烈的风暴,潮涨潮落,变化无常。那么,他们是怎么到达塔希提岛的呢?

人类学家这样颇有把握地告诉我们,这一种族在生理上属于高加索人或印欧人的一支。尽管他们的皮肤是黑色的,但在很大程度上并没有纯粹的印度人黑。举个例子来说,如果让一名来自新西兰的毛利士兵和一名印度骑兵并肩而战,就可以看出两者之间的不同在于:前者拥有明亮的、宛若泛着光泽的黄色皮肤,而后者的皮肤则呈现出灰暗的黑褐色。此外,从其他特征上也可以判断出波利尼西亚人本质上属于高加索人:个子高,体格健壮,族群庞大,正好与马来人形成鲜明的对比。他们的头发是黑色——有些是铜棕色——而且是波浪形的,与马来人的直发和巴布亚人乱蓬蓬的卷发形成对比。最后,他们的脸型是纯高加索式的,而且在很多时候都显得非常美。唯一的缺陷在于鼻子,显得有些不协调:宽大而

第四部分 ◎ 回归野蛮世界（1891—1895）

《塔希提人就餐》，高更，1891年

扁平，据说这是由于在幼年时被人为地压平所致。

然后，我们应该假设一下，在那样一段未知但可能是基督纪元（即公元）之后的时期（在夏威夷的民间传说中，夏威夷很晚才有人定居，具体时间可回溯至5世纪），一群印欧人组成的航海团从印度半岛的某些地方驾船出海。他们所驾驶的那种船装有甲板，一般能承载一两百人数周的航海供给。（我们已获知波利尼西亚人能制造这种船。）他们从印度出发，前往马来半岛，至今在那里还留有他们到过的遗迹。而且，他们还非常频繁地去萨摩亚岛，从那里又北上夏威夷，南下新西兰，东至塔希提岛、马克萨斯岛和复活岛。为了到达这些目的地，他们必须具备优良的航海设备、尚武好战的体能和丰富的天文知识。后来，受到奢靡风气的影响，波利尼西亚人变得懒散、漫不经心且娇气。与此同时，富于进取心的盎格鲁－撒克逊人、带有巴黎人缺点的法国人、严谨的德国人也发现了他们。传教士、酒、疾病和劳动力市场的综合作用使得原居住人口从1774年的15万锐减至1889

《风景里的塔希提女人》(Tahitian Woman in a Landscape),高更,1893年

年的1万左右。

对于他们而言,保罗·高更来到这里体验他们的悲惨历史,完全是精神错乱的行为。的确,高更厌倦了欧洲,怀着在马提尼克岛所定下的目标——成为第一位热带画家——前来。但是,他冒险选择塔希提岛,可能是因为他相信这是一个人们什么都没有也可以生存下去的国度。我们必须一再提醒的是,高更没有个人

第四部分 ◎ 回归野蛮世界（1891—1895）

财产，而且他的画卖不出去。塞尚和德加不靠卖画养活自己，因为他们还有其他的收入来源。但是高更必须一边作画一边寻找生存之道。他很清楚，要让公众接受自己的作品尚需时日。在写给德·蒙弗雷德的一封信中，他如此阐述自己的心理："一开始我就知道日子得一天天地过，所以从逻辑上而言，我让自己习惯这样。为了不让自己在创作中耗尽能量并为此刻担心，我将所有的能量用于白天——就像摔跤选手不会在摔跤时刻以外的时间空耗体力一样。每当我在夜晚躺下时，我会对自己说：新的一天又将来临，而也许明天我将死去。同样，在我的工作中，作为一位画家——我不会因为任何事而烦恼，只求过好每一天——等到某一段时间结束后，生活便会被覆盖上一层深邃的'外衣'。人们不应将时间浪费在支离破碎的努力和劳作上！每天都应持续不断地努力，这是关键所在。"

这便是高更去塔希提岛时的大体想法。然而，在那里，他并没有发现自己所期望的"丰饶乐土"。上帝没有以这样的方式馈赠礼物。但高更仍向塔希提岛索要了很多，同时也被给予了很多。实际上，他所需要的是物质上的享受，结果却换来精神上的救赎。在塔希提岛，保罗·高更最终明白，尽管那片土地没有带给自己物质财富，却在后来的岁月中让自己的精神以及创作带给所有人极其奇妙的寓言。

《塔希提风景》,高更,1892年

第二章

　　1891年6月8日晚上，在63天的旅程结束后，高更终于到达了帕皮提——塔希提岛首府。那时的他，正深受支气管炎的病痛之苦，这是上一年冬天在巴黎被传染的，以至于他在到达帕皮提后的数天里，都只能躺在床上。

　　没多久就是高更43岁的生日了。尽管拥有一副正常的强健体格，年轻时的户外生存经历以及拳击、击剑、游泳等高更非常爱好的各类体育运动也进一步增强了他的体质，但是到了塔希提岛之后，高更的健康状况还是迅速地恶化。这在很大程度上归因于他吸烟过度以及最近五年来为了生存而奋斗所经受的困苦折磨。

　　他的前景不容乐观。总督拉卡萨德（Lacascade）是一个无知而粗鲁的黑人，了解到高更负有官方的使命后，马上把他视为巴黎派来的间谍，并尽可能地阻止高更与受剥削的下层岛民接触。帕皮提作为一个仿欧式首都而存在的社会，同样讨厌他。岛内的当地人则对所有的白人都持怀疑和敌对的态度。

《你去往何方？》
(Where Are You Going?)，
高更，油画，96cm×69cm，
1892年

在到达数天后，一次公共事件引起了高更的兴趣。塔希提旧贵族中最后一位男性代表去世。此人名叫波马雷五世（Pomare V），是可怜的波马雷女王之子，后者所领导的反对法国占领的行动因为没有博得大不列颠的同情而失败。波马雷五世在11年前退位，现在他死了，随着他的逝去，塔希提最后一线实现独立的希望之光化为泡影。

波马雷被以法国将军的规格安葬。葬礼完全采取官方的形式并参照基督教的惯例。但是在当地人眼中，高更能看出异教的灰烬仍然在这座岛上闷烧，并随时可能在任何有利的时机下复燃。

他决定离开帕皮提，去塔希提岛内陆租一座小棚屋——这一行为导致他原有的些许储蓄几乎耗尽。在那里，他试图仿照当地人的方式生活并与之接触，使他

第四部分 ◎ 回归野蛮世界（1891—1895）

进一步花掉了从法国带来的9000法郎。当地人还是与他保持一定的距离，用疑惑的眼光看他。只有当他们看到生活必需品、酒和钱时，才愿意靠近他并当他的模特。而高更想进一步接触他们的努力所得到的只有难以捉摸、含糊隐晦的微笑。

无论怎样，高更仍在坚持。尽管我们不得不承认他在《诺亚·诺亚》的字里行间所阐述的梦想超过了现实情况，但是毫无疑问，高更已经作出了勇敢的尝试——试图说服当地人接受自己成为他们中的一员。然而不幸的是，在高更到来之前，当地人已经见过了成千上万的欧洲人，包括皮埃尔·洛蒂之类的旅行者以及将他们视作"肮脏的肯纳卡人"的职业探险家。可能作为一个被征服的种族，他们现在只有一种报复方式——挥霍高更的钱，奉承他的画作以满足高更的虚荣心，与此同时，却在背后偷偷取笑他。

结果，不到一年，高更就花光了自己的积蓄。他的画作在岛上找不到买主，而巴黎又离得太远。高更发现自己正在迅速地衰老下去——对于白种人来说，毫无准备地来到这样一个热带地区，这种经历已足够让一个人变老。他的心脏开始不好使。看来，这座被白人发现并破坏的拥有原始风貌的伊甸园，正在逐步实施它小小的报复。

接下来，高更试图说服当地总督为自己提供返回法国的费用，却无功而返。他希望在巴黎能找到自己画作的买主，但结果却令人失望。幸运的是，他的名声正日益散播到一些中立国家。在妻子的努力之下，他参加了在丹麦举行的一场展览。

1892年12月8日，高更将装有八幅作品的包裹寄到了展览组委会，其中有一幅顶尖的帆布画《亡灵的注视》。第二年，当这幅画在哥本哈根展出时，引起了巨大的轰动，由此高更也获得一些相应的报酬。而与之相反的是，他在巴黎的名气却越来越小，几近无人问津。

一位名叫阿尔伯特·奥里尔（Albert Aurier）[①]的年轻评论家写了很多有关

[①] 法国艺术评论家。1890年，他在《法兰西水星》杂志上发表了有关凡·高的评论。1891年，他在同一刊物上针对高更的作品发表评论——《绘画中的象征主义》，首次阐述象征主义理论，并指出高更是象征主义绘画运动的先驱，由此奠定了象征主义理论的基础。

《亡灵的注视》，高更，1892年

高更的赞辞，助其艺术出名，可惜不幸英年早逝。提奥·凡·高也援助过高更并想办法为他的画作找到买主，但提奥在哥哥去世后不久也伤心而死。与此同时，高更昔日的学生伯纳德、塞律西埃以及其他人则前往巴黎，散布模棱两可的言论，说高更的一部分技能是他们教的，还说只有塞尚和凡·高才称得上更优秀的艺术家。远离巴黎前往塔希提之行所笼罩在高更头顶的胜利光环正在迅速地消退。

实际上，高更已经在塔希提岛画出了光辉之作——这些作品比他以往任何时候的都要好。而且，他相信自己可以在巴黎及其以外的地方仅凭记忆来作画。可以这么说，高更在塔希提岛的所见所闻给了他蓬勃的想象力以必要的素材（他的想象力一直带有综合性，而且脱离现实），现在，这些想象力终于能发挥作用了。但如果在塔希提岛继续待上更长的时间，可能他的健康状况和未来的前途都将受到损害。由此，他相信如果重返巴黎，自己将再次而且永久地成为一名杰出的人物。而如果不这么做，那么还不如连绘画也一起放弃。毕竟，他正慢慢地老去。

第四部分 ◎ 回归野蛮世界 (1891—1895)

1893年8月13日,高更到达马赛。那时他的口袋中只剩下4法郎,乘坐的是票价最低的舱位。这次在夏季温度最高的时段所进行的旅途是如此地可怕:和他同行的三个不幸的旅客已在红海死于酷热。这简直让人难以置信:就是这样一个人,在远离法国的两年时间里,不顾身体每况愈下,不顾穷困潦倒,用掉40多幅画布,创作出诸如《亡灵的注视》、《往昔岁月》和《我们朝拜玛利亚》等杰作。就是这同一个人,当他回到巴黎时,却变成了一个叫花子!真的,也许正如高更对自己的评价——他是带着邪恶之眼出生的,所以它带给它的主人及其他人的,只有不幸。

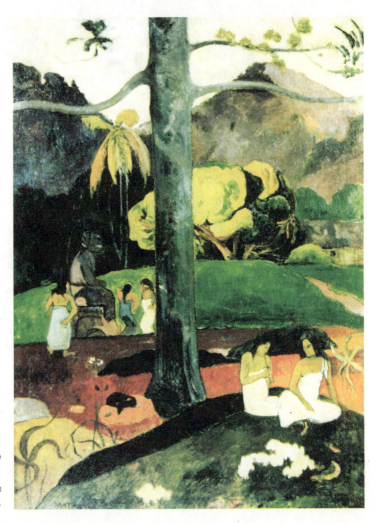

《往昔岁月》(Mata Mua),高更,油画,93cm × 72cm, 1892年

《市场》,高更,1892年

第三章

在一个世纪的时间里,巴黎已经演变成全世界最薄情且残酷的城市。既然她那被惯坏了的宠儿拿破仑已经倒台,那么对于她而言,已经没有人能够让她施以哪怕短短一天的恩惠。当然,这一规则也有例外的时候。雨果被流放;巴尔扎克也是一位隐居者,而且总是陷入被债主纠缠的烦扰之中;最近的则是魏尔伦,他经常出没于最低廉的咖啡馆,住在最污秽的小店里,只有去医院或监狱的时候,他才会现身。但是,这样一些人可能正是巴黎的偶像。至于其他方面,巴黎人只好将希望寄托于自己的孩子身上,希望他们将来大有作为。

高更回来了,心中构想着自己能够彻底征服巴黎。但是,他已经享受过了辉煌的短暂时光。

如果他更明智地处理自己的私事,那么他的确可以凭借自己的创作在丹麦引起的轰动延续至瑞典、挪威和德国,而且还能拥有一名画作经纪人,通过良好的运作,每年从自己的作品中获取一小部分固定的收入。但是,高更要么全部都要,要么什么也不要。而且,就像当年他和母亲与其秘鲁亲族在一起的情形那样,结果是——什么也没有得到。

他决定将自己所有的塔希提岛画作作一次全面的展览,包括44幅画和2件雕塑。杜兰-鲁埃(Durand-Ruel)给他提供了一间画廊,查尔斯·莫里斯(高更参加沃尔皮尼画展后遇见的象征画派的主要人物)则为画展的目录作了序,但其所造成的结果则可能使公众感到更加神秘难懂。

坦白地说,这次画展给巴黎公众以及出版界带来了不小的困惑。在44幅展出的作品中,有33幅没有卖出去。让参观者误解的主要原因在于高更为每幅画

《塔希提人家庭及猫》,高更,1900年

第四部分 ◎ 回归野蛮世界（1891—1895）

所起的自认为恰当的名字。这些画名用的都是塔希提语。几乎每个参观者都认为，要了解画，必须首先对塔希提岛的历史传说、行为方式和风俗习惯有所了解，所以解读这些画似乎就成了考古学和种族学之谜，只有掌握诀窍的人才能理解它们。

高更当然还有其他的打算。正如他借用布列塔尼来暗指基督受难的痛楚与哀伤一样，他借用塔希提岛来意喻生命的原始纯洁以及难以捉摸的神秘感，它似乎处于伊甸园之中，处于人类的混沌阶段——那样一段被每一位伟大的诗人和画家所梦想过的黄金时代。但他试图解释塔希提岛只是给了自己的创作以想象力的源泉的举动，显然未能收到预期的效果。

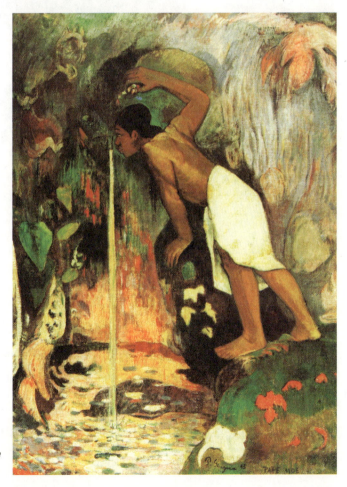

《神秘之水》（Pape Moe），高更，1893年

莫里斯描述说，高更每天都站在画展现场，极其镇静地听着参观者所发出的那些愚蠢的谈论和嘲笑。这正如他后来所说，当时的感觉好像印度人笑对酷刑的折磨。只有德加来了而且领会到了高更画作的深意。在画展的最后一天，高更对他说："德加先生，您忘记了您的拐杖。"随后取下他自己雕刻的一根拐杖送给了目瞪口呆的德加。

《等候》，德加，纸上粉彩，47cm×60cm，约作于1882年

赤贫的辛酸好像确实成为高更生命中须臾不离的一部分，正在这时，财富带着虚伪的笑容和可能给他带来好运的热情出现了：他的一位在奥尔良的叔父去世了，这位叔父是一位富有的单身汉，高更从他的遗产中继承了13000法郎。

这次画展被证明是一个错误之举，但他的下一步行动则完全是荒唐的。与冷静地反思自己的现状相反，他未经深思便租下一间画室，决定通过进一步的努力来打动巴黎人，让整个巴黎震惊。莫里斯承认，这是高更那些所谓的朋友们的主张。如果这次高更做得好的话，他会发出那句著名的恳求："将我从我的朋友们

第四部分 ◎ 回归野蛮世界(1891—1895)

《孤独》(Alone),高更,1893年

中解救出来!"但是,莫里斯认为,考虑到当时的情势,高更的这一决定无疑又是一个错误。

有关高更那一时期的画室及其生活情况的传言,多年来从未间断过。已经达成共识的是,他在画室的墙上涂满了微带灰白的黄色颜料,窗玻璃则仿照彩绘玻璃的技法画上了塔希提岛的各类风物(顺便提一句,这就是多年前在巴黎的一次商展上所展出的那些玻璃画作)。而且,他的房间确实饰有各种战利品、回飞镖、木制短棒和矛之类的物品。此外,他还养了一只猴子和一位模特,后者是一个黑白混血女子,据说来自爪哇,但对于他来说,其意义更多地是作为一种绘画用的试验品。而且据说他的装束奇特,拥有一件缀有珍珠纽扣的蓝色长款骑士装,一件蓝色马甲以及一条黄棕相间的马裤,外加一顶饰有蓝色带子的灰色懒人帽。但是无论如何,这些情形及其细节其实都不重要。现在高更已去世多年,他那些为引起漫不经心的巴黎人的关注而作出的卑微努力也应该一起被埋葬和遗忘掉。

尽管拥有这种自我满足的虚荣和炫耀,高更仍然发觉自己无法安逸自在。他

高更,他的生活与艺术
Paul Gauguin: His Life and Art

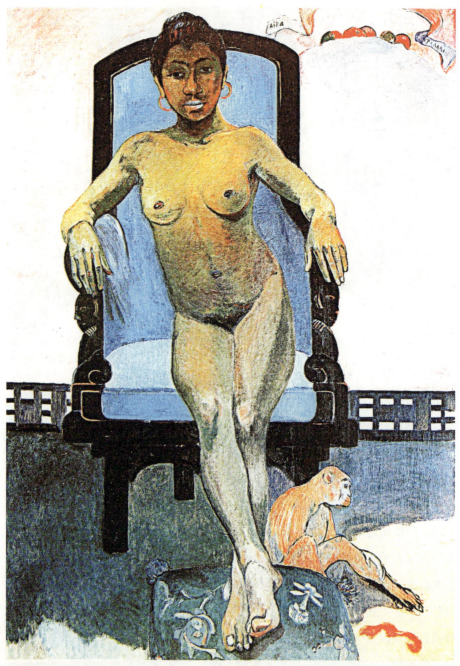

《爪哇人安娜》,高更,1893年

经常在自己的画室举办茶会招待象征派画家,但后者敷衍的奉承又让他觉得难受。于是,他动身去布鲁日(比利时小城)游历,在那里,他叹服于梅姆林的杰作,并被鲁本斯作品中极其野蛮的风格所震惊和折服。同时,他对新招收的乐于表现自我的学生塞金(Seguin)和奥康纳(O'Connor)逐渐失去兴趣。后来,他又试图向政府申请居留大洋洲的资格,结果遭到拒绝,只好坐船回到阿旺桥。

一天,当他带着那个一直雇用的混血模特来到海边散步时,突然遭到了一些水手们的嘲笑。就在那一刻,所有拙劣的伎俩和苦心积虑的做作全部从他身上消失,他又变成了一个野人,为捍卫自我生存的权力而斗争。于是,他对水手们实施了攻击,但无奈对方人数太多,尤其是其中一个水手趁他不备时,溜到身后狠狠地踢他,致使他的腿部胫骨骨折。

在混乱中,那个混血模特趁机逃跑了,坐上火车回到巴黎,进入当时已经空无一人的画室,带走了所有能带走的东西,然后消失得无影无踪。至于高更本人,则被抬上了一副担架,一声也不呻吟,只是默默地忍受着,偶尔翻一下身,不停地抽烟。

《手持芒果的女人》,高更,1892年

第四章

渐渐地，高更的意识中开始闪现出曙光，形成一种模糊的认识。现在，当他躺在阿旺桥的小旅馆的床上时，这种认识慢慢转变为一种深信不疑的确信。

最后，他终于明白自己究竟想要得到什么以及为什么会如此失败。此刻，他知道自己的艺术究竟为何物了；那是一种伟大的抗争，一种自我灵魂中根深蒂固的叛逆的外在体现。一直以来，自己所顽强对抗着的是19世纪欧洲的巧取豪夺、道德沦丧和斤斤计较的伪善。而与此同时，19世纪的欧洲也开始了对他的集体讨伐，他们合谋起来，放逐他，摧毁他。那么，他必须宣战，为了自己的生命、艺术和灵魂。

塔希提岛人经常被一些在任何时候都意欲诋毁高更艺术的家伙轻蔑地称之为"野蛮人"。然而，在这些原始人当中，高更却发现了在其他地方看不到的荣誉感、勇气、道德尊严以及无私的善良。在这些被压迫和掠夺的土著人中，还存留着文

高更,他的生活与艺术
Paul Gauguin: His Life and Art

《塔希提人》,高更,铅笔和木炭画,1894年?

明的痕迹。在那样一种文明里,艺术作为一种让生活更丰富、更快乐的方式,作为一扇无论科学家还是神学家都无法洞穿的神秘之门,在万物的体系中拥有自身合适的位置。在这些野蛮人中,高更发现了一种隐秘的对新文明的厌恶——他们心知肚明,这种文明正在摧残他们;而现在,他感到自己的灵魂深处同样隐藏着这种厌恶。

1894年9月20日,他写信给丹尼尔·德·蒙弗雷德——

> 就像你所说的那样,最近在我身上没发生什么新闻。每个人都在抱怨。究其原因,你是知道的,痛苦已经耗尽了我所有的力气,我经常整晚无法入睡。另外,除了花钱之外,我在这倒霉的一个月里什么事也没有做。至于其他方面,我已经下定决心重新回到大洋洲去生活,并且会在12月回巴黎一趟,专门义卖我所有的东西,不管以什么价钱。

第四部分 ◎ 回归野蛮世界(1891—1895)

> 如果一切进行得顺利,我会在2月份尽快地离开。我将在遥远的地方度过余生,不再为明天担惊受怕,并远离与浅薄无知的外部世界的斗争——绘画,我要和你说再见了,除非是作为一种纯粹的娱乐手段,否则我将不再拿起画笔。而我所居住的房子,将由我自己用木材来建造和凿刻。

在这封信中,高更的决心显露无遗。他如期回到巴黎,投入自己所言的"义卖"之中。一场画室里剩下的画作拍卖会很快被列入议事日程。在从塔希提岛返回巴黎的旅途中,高更曾巧遇奥古斯特·斯特林堡,后者后来居留巴黎。当时,斯特林堡对高更的画作产生了一定的兴趣,甚至有一段时间两人还住到了一起。现在,高更想起了这位老朋友,于是邀请他为自己即将出售的画作目录作序。以下这封信便是斯特林堡的回复,从它的字里行间,我们能清楚地读出欧洲的知识阶层对高更所怀有的怨尤之气:

> 你非得坚持要我给你的目录作序,我想,也许写点什么用以纪念我们1894—1895年的那个冬天一起度过的日子可能更有意义。我还记得,当时我们住在学院后面,离先贤祠很近。更重要的是,靠近蒙帕尔纳斯公墓!所以,我想送给你这样一份纪念品,让你带着它远涉位于大洋洲的那座小岛。我知道,你梦想着去那里寻找与自己强大的精神力量相匹配的装饰艺术和能够自由呼吸的空间。但是,恕我直言,我从一开始就对你的这种想法与决定持怀疑态度,因此,我只能对你所提出的要求当机立断地回答——"我不能",或者更直白地说,"我不愿意"。
>
> ……我既不理解也不喜欢你的艺术——我知道,自己的这种声明既不会让你感到惊讶,也不会伤害到你一丝一毫,因为,你似乎只会因为他人的憎恶变得更强大,而不是相反。你那小心呵护、完好保存的个性会因其激起的反感而愉悦。也许,从暂时的认同和赞誉中,你

确确实实拥有了自己的信徒,他们把你归入名人的行列,或者给予你的艺术以很高的荣誉,年轻人也会模仿你的艺术特色,用5年的时间去标示一种落伍的绘画风格。

……昨天晚上,当曼陀林琴和吉他相混合的南方音乐响起时,我想到了普维斯·德·夏凡纳。我一看见你的画室墙上那些被阳光照射、喧嚣浮躁的画,就不由得昏昏欲睡。我看到了画中那些连植物学家都没能发现的树、居维叶(Cuvier)都意想不到的动物,以及只有你才能创造出来的人类。

一片从火山口涌出的海洋,一片没有上帝存在的天空——先生,在我的梦中,我对自己说,你已经创造出了崭新的天堂和大地,但是,我并没有为此而欢欣鼓舞。对我来说,这太明亮了,我更喜欢明暗结

《贫穷的渔夫》(*The Poor Fisherman*),普维斯·德·夏凡纳,油画,155cm × 192.5cm,1881年

第四部分 ◎ 回归野蛮世界 (1891—1895)

合。而且，在你的乐园里生活的夏娃并不是我的理想。因为，事实上，我心里也有一两位理想女性！

今天早晨，我去了卢森堡美术馆，在那里，我瞻仰了夏凡纳，事实上，我经常会怀念他。我怀着一种深切的同情凝视着他那幅名为《贫穷的渔夫》的画作：画中的渔夫如此专注地看着自己的船，透露出对爱妻和熟睡中的孩子无限忠诚的爱，真是美好啊。但是，同时我又好像看见这个渔夫戴着一顶荆棘王冠，令我震惊。因为，我讨厌基督和所有的荆棘之冠。你知道我讨厌他们。我对这位受人吹捧而实际上无比可怜的神并不感冒。我的神只有维特里帕特里（Vitsliputsli），他藏在太阳里，啃噬着人类的心灵。

不，高更的作品既和夏凡纳的不一样，也不同于马奈，同样有异

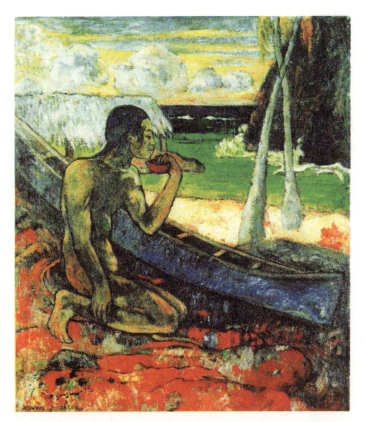

《贫穷的渔夫》
(The Poor Fisherman)，高更创作的同题材作品，1902 年

于巴斯蒂安－勒帕热（Bastien-Lepage）。

那么，他到底是谁？他是高更，是一个讨厌无趣文明的野蛮人。从某种程度上而言，他是嫉妒自己的创造者的提坦，在游手好闲的日子里，痴迷于自己的雕虫小技；他在某种程度上又是一个孩子，惯于肢解自己的玩具，以制造其他的玩具；他否定和蔑视一般的乌合之众，更喜欢将天空描绘成红色，而不是它一直以来的那种蓝色。

这将是一次多么完美的旅行啊，我的船长。也许到了那里以后，当你再回到我这里来时，我才能学会更好地理解你的艺术，才可以为一次新的画作拍卖的目录写上一份真正意义上的序言，因为既然到了那时，我也开始感受到成为野蛮人和创造一个新世界的必要。

《自画像》，
高更，1893年

第四部分 ◎ 回归野蛮世界(1891—1895)

弹吉他的奥古斯特·斯特林堡

高更则用以下的真诚表白回复了老朋友的来信——

今天,我收到了你的信。可以这么说,你的这封信就是为我的作品目录所作的序言。我之所以想请你作序,是因为前几天,我看到你在我的画室里弹着吉他唱歌,用北方人那种蓝眼睛专注地凝视着墙上的画。当时,我就产生了一种预感:在你的文明和我的野蛮之间必然存在着对抗或冲突。

你,因你的文明而遭受折磨。我的野蛮,对于我来说却是一种青春的再现。

在选择夏娃之前,我已经以各种形式描绘了另一个世界的和谐,你的回忆可能唤醒了我对过去的伤感。你有关文明的夏娃的构想使你总是憎恶女人;我画室中那年老色衰的夏娃想必吓坏了你,可能你没有想到,她有一天也可以不用那么忧伤地微笑。这便是我的世界,不是居维叶或者某一个植物学家能够发现的世界,它是一座我只能大致

143

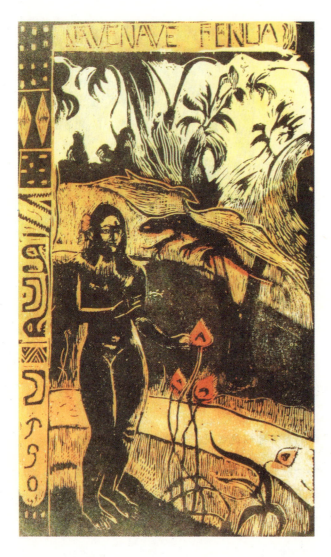

《芳香的土地》,高更,《诺阿·诺阿》一书的彩绘木刻画,1894年

勾勒出其轮廓的乐园。因为,从梦想的初具轮廓到最终实现之间,横亘着一条漫漫长路。但,那有什么关系呢?去设想这样一种幸福吧,难道它不正是一种涅槃的预示么?

我画中的夏娃,孤独却充满理性地在人类面前赤身裸体。而你,在那种纯粹的情形下,想必不能毫无廉耻地自如行走吧?而且,太完美(当然,只能说也许),容易带来罪恶和忧伤。

第四部分 ◎ 回归野蛮世界 (1891—1895)

《甜美的梦》(Nave Nave Moe)，高更，1894年

1895年2月，高更的这些画作一共卖了12000法郎。不久，这位艺术家掸掉了双脚上所沾染的欧洲的尘土，开始了自己前往塔希提岛的终极之旅。正如莫里斯所描述的那样，他是面带着微笑离开巴黎的，甚至没有回头再看一眼。

《神之日》(Day of the Gods),高更,油画,66cm × 89cm,1894年

第五章

在高更最终抛弃欧洲之时,他的目标依然执著,那就是书写自己在塔希提岛的人生故事。这个故事,在他命名为《诺亚·诺亚》一书的字里行间可以读到,也毫无疑问地迅速成为他人生后期岁月中思想变化的最佳注解。

我们并不知道,高更最早在什么时候构思或完成了这本书。这本书可能成型于他那漫长的独居岁月,也可能是在他第一次游历这座海岛时所作,还有可能是在他居留巴黎期间,或者,是在他重返海岛之后。值得一提的是,当这本书的某部分提及1897年左右所发生的事件时,可以看得出来,那并不是高更自身的经历。

其实,高更所希望的是能够叙述自己如何转变为野蛮人的故事——当一个人意识到自己被文明社会污染了以后,无法变成半野蛮人,最终彻底认识到野蛮人是赤诚的、健康的、完好的,而文明人则是腐朽的、穷奢极欲的、不断衰退的。

由此,为了很好地完成这一任务,他追求尽可能自由的文字技巧。他的目的

《塔希提风景》(Tahitian Landscape),高更,1893年

是,以民间故事的形式来展现自己在塔希提岛的所见所闻。他有意避用旅行家、新闻记者和文学家惯用的所有修辞和怪异的润饰手法。总之,他想要做的就是让其他人感受到,在这样一个原生态的故事脉络中,诸多事件的核心在于塔希提岛的原始精神。

如果有人问起,在这本书中,高更在描述自己如何重返野蛮世界的故事时,具有相应的事实基础还是更多地带有寓言的性质,这是毫无必要的做法。可能两者都有,也可能两者都不存在。但是一言以蔽之,它包含了某些可以确定的事实:首先,高更在到达帕皮提时,的确亲眼目睹了那场皇家葬礼,并为当地人对这件事的态度所深深触动;其次,当他离开帕皮提,试图像当地人一样生活时,已经尽可能地摒弃了欧洲式的衣着服饰和说话方式;再次,在他居留这座海岛时,曾和一两名当地女子发生了关系;最后,当他离岛时,已经陷入了财务紧张的困境之中,非常希望能回法国挣点钱。

以上这些事实并不重要,它们仅仅是高更那富于吸引力的思想发展历程故事

第四部分 ◎ 回归野蛮世界（1891—1895）

的模糊框架。他将这些事实当做美好形式的构建基础，正如他在作品中运用模特一样。对他来说，所有的艺术都是一种转换。他以自我叙述的方式，有意将自己对于文明、野蛮以及生活的态度转化成一系列有关想象力的探险，而我们则可以对其说法自由地选择相信或者不相信。

于是，我们就这样跟随着他，从帕皮提进入蛮荒之地。我们发现，他一开始被土著人疏远，后来则惊诧于他们质朴单纯的盛情好客。我们还看到他想要构建自身的思想体系的初步尝试。他试图说服土著人坐下来让他作画，可惜收效甚微。然后，朱特弗（Jotefa）进入这场戏剧之中，这个年轻人的身体揭示出这样无可辩驳的事实：迄今为止，文明只是强化了性别的不同，也因此让性变得更危险、更做作、更不自然。高更由此茅塞顿开。接下来，朱特弗宣称自己不能接触凿子，因为艺术家不比常人，应当创作出能给他人带来用处的物品。这进一步触发了高更的灵感，他将这种实用型的艺术观与欧洲人将艺术视作一种纯粹而妙趣

《大束花与塔希提孩子》，高更，1891年

《结婚》,高更,油画,101.5cm × 77.5cm,1892 年

横生的娱乐的观点做比较。最后,他敢于以身试险。他毫不犹豫地和一个年轻的土著姑娘发生了关系,随后娶她为妻。所有这一切看上去进展得如此顺利。直到有一天,当他离家和当地居民一起去捕鱼时,大家都开始嘲笑他的好运气。他不解地问为什么,原来,他的线钓住了鱼的下颌,这一现象所暗示的是,这个人的妻子可能做了不忠于自己丈夫的事。于是,他半信半疑地回到家。那位土著姑娘祈求着、哭着让他责打自己。他没有这么做,唯一能做的,就是遗忘和谅解这一切。于是,这个故事到此结束了。

从这个故事中,我们很自然地认为,高更在塔希提岛过着理想而幸福的生

第四部分 ◎ 回归野蛮世界(1891—1895)

《沐浴的塔希提女人》(Tahitian Women Bathing),高更,1892年

活。但是,他的信中反映出来的是,事实上他的生活比在法国时更加悲惨。因此,无论在他的故事中存在着怎样的事实元素,很显然,这些仍旧无法脱离虚构的情节。也许将《诺亚·诺亚》这本著作从整体上视作一系列虚构的冒险经历,设想无论高更自身多么具有独特性,他还是像任何一个欧洲人能做到的那样,几乎变得与土著人没有什么两样,这样会更好。由此我们看到,塔希提岛居民开始逐渐地把他当成自己人,高更也从最初对那些岛民执意要送给他的食物加以轻蔑地拒绝,到后来慢慢地认同他们的迷信举动,甚至对自己配偶的不忠行为都能轻而易举地原谅。如果我们从这一角度来看待高更的故事,那么它就变成了一篇通俗易懂的寓言,旨在通过一系列巧妙的比喻来阐明文明正在原始的自然面前逐渐

151

《午间小憩》，高更，油画，87cm×116cm，1894年

衰落。

然而，令人遗憾的是，高更担心这个故事如果只是以这样一种方式出版，似乎过于直白且缺乏相应的文学魅力。于是，他向查尔斯·莫里斯寻求合作。后者欣然应允，并受到高更画作的启发，仿照斯特凡·马拉美浓墨重彩的诗风，创作出了一大堆华丽的修饰语和诗歌。这些描述和诗歌穿插在高更的叙事文体中（幸运的是，在该书的英文版中，它们都被省略掉了，这无疑是明智的做法），从而导致了这样的结果——《诺亚·诺亚》被分割成两个部分：第一部分属于高更，

第二部分则属于莫里斯，因此当读者捧读这本书时，很容易陷入迷惑之中，除非他一直注意到，凡是出自高更之手的章节都被冠以"叙事者自述"的标题，而且这些章节能够在内在逻辑上自然地组合成一个连贯的故事。相反，莫里斯的功劳则被不知不觉地忽略掉了。

也许，我们不去探讨这些贡献是否给高更的著述增色这一问题会更好。有些人甚至更为赞赏莫里斯所采用的修饰的绚烂光芒，而对高更诗文的平淡之光不感兴趣。高更自己则用充满思辨的话回应道：但愿莫里斯的所作所为是对自己的支持，以便人们能从中体会到颓废派文人与纯朴而粗俗的野蛮人之间的差异。

第5部分
与文明抗争
(1895—1903)

《呼喊》(The Call)，高更，油画，130cm × 90cm 1902年

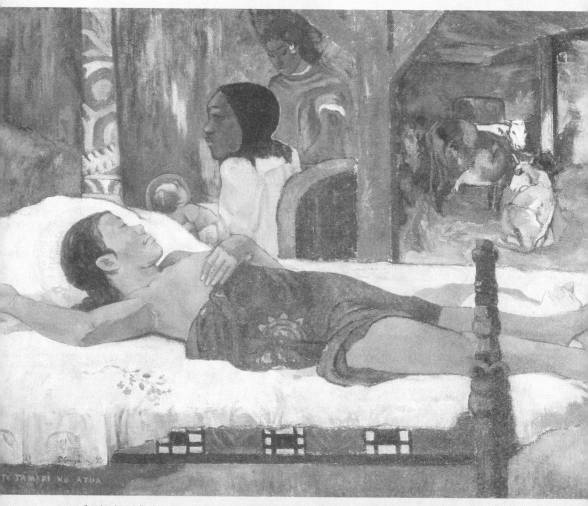

《耶稣的诞生》(Te Tamari No Atua),高更,油画,96cm×128cm,1896年。传统的《圣经》故事题材在高更手中焕发出新意,明显带有画家个人的情感色彩,故事中的圣母成了刚为高更生下一个孩子的塔希提妻子,整个场景无疑与高更当时所处的环境有着密切的联系。

第一章

在高更最后一次回到塔希提岛之后,他人生最后也是最重要的岁月随之拉开了序幕。这是野蛮反抗不断侵蚀的文明的最后坚持。当我们读到他在这一段时期写给德·蒙弗雷德的信件时,不由悲从中来。在这些信中,充溢着一个明知命运之骰不垂青于自己的普通人的疲惫鸣号,充溢着一位明知抗争无用却依然别无选择地不断斗争的斗士之怨。对于高更来说,他已经与外部世界和内在自我进行了如此长时间的斗争,他真的已经筋疲力尽。早年与水手们搏斗而留下的腿伤,一直都没有彻底恢复,而且更严重的是,受到塔希提岛的气候影响,再一次发作了。与此同时,由于他的皮肤经常暴晒在热带的烈日之下,双腿长满了湿疹。

就这样,他只能在疼痛中度过一个又一个不眠之夜。而且祸不单行,他的视力也开始下降,这更增添了他的烦恼。冥冥中,白种人在当地土著人身上所犯下的罪行,开始自然而然地把惩罚与报复施加到高更的身上。现在,在他看来,自

《你为什么生气》(*No Te Aha Oe Riri*) 高更,1896年

己始终崇拜着的神似乎已经变成了敌人。

在离开法国之前,许多朋友曾承诺会购买高更的画作以使他能够拥有较为稳定的收入来源。但是,现在他们却无情地撤回了对他的援助。无奈之余,高更只好租下一小块地以建造梦想中的木屋,由此花光了自己仅有的一点积蓄。在岛上,他无时无处不受到防不胜防的欺诈,不仅包括法国殖民者,连当地土著人也这样对他。在这一点上,不得不感谢文明的巧妙引导功能,使得当地土著人也日益变得贪婪而丑恶。甚至在他的木屋建好后,他依然难以安宁。事情的原委是这样的:高更的木屋所在地的所有者死了,使其身后的诸多事情旋即陷入了一片混乱。他们强迫高更再去买另一块土地来建造新屋,不然他只能眼睁睁地看着自己

第五部分 ◎ 与文明抗争（1895—1903）

的小屋被毁掉。高更拒绝这么做，因而不得不硬着头皮去借钱——这是他一生中迄今为止从未干过的事。

1897年底，他的健康状况进一步恶化。眼睛一直在发炎，疼痛难忍，甚至无法找到画刷。他送给德·蒙弗雷德的一幅描绘自己这段时期的惨状的侧面肖像画，清楚地揭示出他当时的视力情况。德·蒙弗雷德给他寄去了颜料，但是已经起不到任何作用——高更已经严重到甚至不能将这些颜料转化成面包用以维持生计的程度，而且欠下的债务日积月累，越来越多。在这种情况下，高更幸得忠诚的友人德·蒙弗雷德写信鼓励，并努力帮忙出售他的作品，作为他的代理人来协助出版他的著作。但是，德·蒙弗雷德所得到的回答却是——"我只想沉默，沉默，还是沉默。让我平静地死去吧，忘了我；如果我应当活着，那么就让我平静地活下去，还是忘了我……即便我真的是伯纳德或者塞律西埃的门生，又有什么关系呢？假若我只是乱涂乱画一气的话，那为何不将自己的作品送去粉饰，以欺骗人们它们的真正质量？"

1898年初，他终于下定了决心。如此地疲倦、枯竭、心力交瘁，他决意赴死。在完成了一幅大型的画作也是一篇饱含失望的、名为《我们从哪里来？我们是谁？我们往哪里去？》的奇特寓言之后，高更服下了砒霜。然而，它的剂量太大

《永远不再》（Nevermore），高更，油画，60cm × 116cm，1897年

《我们从哪里来？我们是谁？我们往哪里去？》高更，1898年

了，让他感到极度恶心，以至于在随后的数月里，他一看见食物就忍不住反胃。这时，他的债主又开始威胁说，要毁掉他辛辛苦苦建造起来的木屋。

为了谋生，不久后，他不得不重新回到帕皮提，在公共事务局谋得一个航运办事员的职位，工钱是一天6法郎，时年他已50岁。在被逼入如此窘迫的境地时，他依然在坚持战斗，叫人怎能不钦佩他的坚忍不拔？

与此同时，他那无私的朋友德·蒙弗雷德也开始忙碌起来。他成功地吸引了沃拉德（Vollard）[①]、德加和其他人的兴趣并最终卖出了高更的一些画作。高更现在能够估算出自己已经获得了一笔较为稳定的收入，并且可以选择遗忘过去所遭受的伤痛。但是，在他的字典里永远没有妥协二字。伯纳德、塞律西埃、莫里斯·丹尼斯使高更的理论逐渐流行起来，他们都宣称对高更的创作产生过影响。针对这些，高更断然拒绝和他们相提并论或参加任何有他们在场的画展。当然，

[①] 19世纪末、20世纪初欧洲最有影响力的艺术品经销商和赞助商，收藏了大量知名画家的作品，并资助过塞尚、凡·高、毕加索、马蒂斯等画家，塞尚和毕加索的第一次个人画展也经其操办。

第五部分 ◎ 与文明抗争（1895—1903）

　　也许他只是想通过这样的行为，使自己在巴黎更不受欢迎。他的个性使他无法与那些二流艺术家共存并处。他只会歌颂那些充分展现出天才特质的人物，比如遗世独居的德加、爱伦·坡、巴尔扎克和马拉美。而对于普通大众，他更喜欢土著人和孩童。

　　不管怎样，他的画还是卖出去了，而且在德·蒙弗雷德的帮助下，他终于在1899年彻底还清了债务，重返自己的小木屋。不过，小木屋由于长期无人打理，已变得破损不堪。高更虽然一直深受双脚疾病之苦，但是，从目前的情形看来，似乎好转了一些。于是，他又重新拿起画笔，种植德·蒙弗雷德应他的要求从法国寄来的花种。这就是高更，尽管病痛日渐损毁他的健康和体格，深受药物之苦，却仍然坚持着迈向自己的目标。

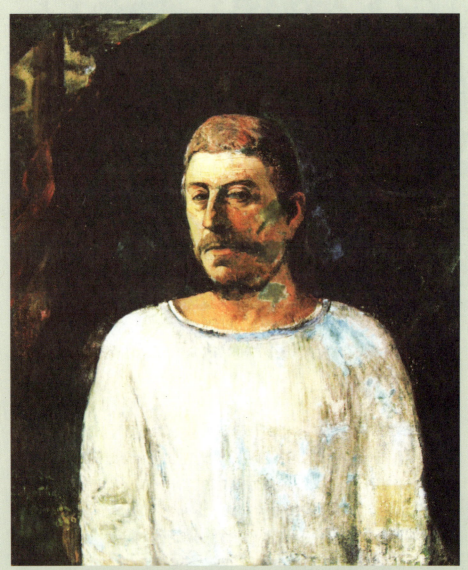

《墓地附近的自画像》(Self-Portrait nearing Golgotha)，高更，1896年

第二章

对高更在他人生的下一阶段所扮演的角色作出公正的评价，并非一件容易的事。除非，我们依然记得他经受了那么多的病痛之苦，过着几乎完全与世隔绝的日子，而且历经往昔岁月中极似强迫症的可怕危机。他被拖入与文明为敌的战斗中，却始终坚信冥冥中有一种不可知的力量引领着自己坚守这种对于文明的憎恶。接下来的时间里，我们会进一步发现，他甚至开始将自己那锐利的矛头对准当地土著。

在重返塔希提岛之后，他与一个年仅13岁半的当地女孩发生了关系，随即娶了她，成为他的伴侣和模特。这位小妻子忠心地服侍着他，当高更无法进食时，她小心翼翼地给他喂食。而且，当高更从帕皮提回到木屋后，她一如既往地做他的妻子，还生下了一个孩子。然而现在，因为一些可能只是莫须有的理由，高更突然疑心她抢夺了自己的财物或者其他东西，于是无情地将她赶了出去。不久，

《塔希提恋人》(Tahitian Lovers)，高更，1902年

这个可怜的女人又回来了，此时画家已经变成了一个无助的跛子。尽管如此，他断然决定诉诸法律迫使她离开，并控告她的归来对自己的住所构成了侵犯。结果可想而知：法律并未起到他所预想的作用。

这一让人失望的结果更深地激怒了高更。他决定攻击整个殖民管理机构。自从他回来后，他在塔希提岛的任何一处地方都被欧洲人当做疯子或傻瓜来看待。现在，他实施报复的时机来了。

依靠复制工具的帮助，他创办和印刷了一份报纸，最初名为《黄蜂》，后来改名为《微笑》。报纸的内容被印刷了出来，实际上这些内容是高更所写过的最蹩脚乏味的东西。但是，这些针对总督和殖民管理机构的粗俗嘲笑，以及针对殖民地上层人士所创作的同样粗鄙的讽刺画，看上去的确引起了一场不小的轰动。最后，人们开始怕他了。他暂时赢得了胜利。

实际上，当时的塔希提岛已经变得太文明了，以至于无法对他的行为加以有效控制。一条铁路开始修进内陆地区；新教传教士的力量也在日益壮大；疾病和酗酒则正在迅速地夺去土著人的生命。这些使得高更在一段时间内想到了改行当医生，甚至还写信给德·蒙弗雷德求医问药。但是很快地，他发现自己对药物的需求并不逊于任何一个不幸的当地土著人。一场流感袭击了这座海岛，这位画家被送进医

第五部分 ◎ 与文明抗争(1895—1903)

院,在那里,他不得不每天支付12法郎。岛上的食物储量逐渐变得稀缺起来,价格也开始飙升到不可思议的水平,所有这一切,无疑不断加重了他的痛苦。

后来,高更听说马克萨斯群岛上的生活水平较低,而且那里的土著人的体质尚未遭到破坏,此外,那里的欧洲人很少,彼此之间相隔也很远。于是,他决定离开塔希提岛,将自己安置到希瓦瓦岛(马克萨斯群岛中最大的岛屿)或多米尼加。他希望,那里有更纯粹的原始素材,使自己能够重新积聚起绘画创作的能量。然而,他的这一美好希望注定只能实现一部分。

高更的艺术几乎完全与三个地方紧密相连:马提尼克、布列塔尼和塔希提岛。而他原本可以在其他地方利用更多的时间、机会或精力创作出更好的画。实际情况是,当他动身去马克萨斯群岛时,他的精力已呈现出逐渐消退的趋势。

从他最近的塔希提画作中,我们可以窥见,他的忍耐力正在一点点地耗尽,眼病在恶化。他一直保持着在自己的画作上标明创作日期的习惯,我们能据此追踪他的精力丧失的清晰过程:首先,在他回来以后,整体的绘画水平超过了1891—1893年的成果。1896年的《国王的妻子》或《斜倚女子》在构图上甚至

《国王的妻子》,高更,1896年

《快乐的日子》，高更，1896年

超过了1892—1893年的《亡灵的注视》。《两个年轻女孩》和《小屋》(1897)，以及令人赞叹的《快乐的日子》(1896)，诸如此类的佳作满怀对人间天堂的深厚感情。而他1897年的自画像，虽然不失为一幅充满力量的作品，但是已显示出难以完成创作而留有草图的征兆。高更接下来的很多作品，开始呈现出一种更加明显的不耐烦、漫不经心以及难以掌控的过度兴奋和狂热。他的画作日益充满野性，但是能够创造出它们的能量却随之日益减少。我们可找出的与他的情形相类似的例子是爱尔兰的戏剧家辛格（Synge）。

这个一心想去偏远的希瓦瓦岛隐居的高更其实已经不再是十年前的那个高更。他已经变成了一座熄灭的火山，一座已经燃尽的火山。他的唯一想法，是去寻找最后的僻静处以获得永久的安息。但是，无论如何，在死亡来临之前，他的艺术却达到了表现方式上的最高境界。像《拿扇子的少女》(1902)或华丽的《野蛮人的故事》(也作于1902年)，这些画体现出典型的马克萨斯群岛的风格，这也

第五部分 ◎ 与文明抗争(1895—1903)

《拿扇子的少女》
(Young Girl With Fan),
高更,1902年

是高更对其有关美的信条、崭新的天堂和尘世的真相的最后言说。他心中那从未熄灭的火焰,至死都在燃烧——直到最后,被摧垮的躯体终于屈服了下来,一切都归于黑暗与沉寂。

《最后的自画像》(Last Self-Portrait),高更,1903 年

第三章

马克萨斯群岛很小,与塔希提岛的珊瑚礁和玄武岩相结合的构造特点不同的是,它是因为火山喷发所形成的。它们蔓延上千公里,靠近赤道,由此使得那里的气候更加潮湿而且不利于白人居住。因为这一原因,加之其位于旧金山和悉尼之间轮船无法到达的地方,所以在岛上保留了更多的原始风貌。

马克萨斯群岛居民被认为是波利尼西亚人种中长得最好看的。不同于肤色泛红或者呈橄榄棕色的塔希提人,马克萨斯人的皮肤大多呈现出鲜明的金色。他们的男性也像新西兰毛利人那样,有在脸上刺刻花纹的习俗。正如赫尔曼·梅尔维尔在《白鲸》中的描述,他们曾是勇猛的战士、残忍的食人者。第一批在这里定居的白人是法国天主教传教士,他们把这里值钱的大部分土地买了下来,并通过禁止买卖酒和其他类似的殖民地陋习的方式,成功地保持了这里的原有风貌。马克萨斯群岛从未变成像塔希提岛那样的恶行与堕落横行的深渊。

《马克萨斯一家子》,
高更,木刻版画,46.5cm×
27.5cm,1902 年

　　高更安顿下来的地方是其中的一个主要岛屿。他身上的积蓄还够买下一块地皮并开始建造自己的另一座小屋。这座房子正如他在塔希提岛的那座小屋一样,饰有木刻浅浮雕和大型装饰画。花园里则矗立着一尊粗糙的黏土雕像——佛像与毛利人偶像的混合体——在一座顶篷下面。高更给这座雕像取名为"Te Atua"——"上帝"之意,而且据说高更每天都会向其念祷文。在这座雕像的底座上,刻着这样的文字——查尔斯·莫里斯在《诺亚·诺亚》中所撰写的诗句:

　　　　众神已经死亡,塔希提岛也随之逝去。那曾将光热撒向小岛的太阳,如今也沉沉睡去。沉睡是如此地令人忧伤,美梦是如此地短暂,项刻即将醒来:如今,懊悔的阴郁穿过夏娃的明眸,她强颜欢笑,心事重重,而那些无用的财富,已被神的设计所尘封。

第五部分 ◎ 与文明抗争(1895—1903)

总之,高更在马克萨斯群岛找到了不同寻常的魅力和宁静。似乎很快地,他便与当地土著建立起了良好的关系,并自如地将自己视作他们中的一员。但是,他的身体实在是太糟糕了,以至于无法离开自己的木屋,只有一个中国男孩与他为伴。他甚至想到再次离开马克萨斯群岛(倒不是因为他厌倦了这里,而是觉得自己的精力已经不济了),去西班牙找一个气候更加适合自己的地方,至少,在那里他还能够画画。

除了健康不断地给他制造麻烦以外,高更唯一的困扰来自于传教士。除了一些殖民者之外,他们是岛上唯一的白人。如今的高更,已经将自身所推崇的野蛮人上升到了不能忍受白人出场的地步。他拒绝拜访天主教传教士,而实际上,后者已经尽可能地使当地的土著免于遭受新教传教士强加于塔希提人的悲惨命运。天主教对一夫一妻制、欧洲的服饰、教会学校以及宗教仪式的坚持激怒了高更。

《希瓦瓦岛风景》,高更,1903年

《希瓦瓦岛的巫师》，
高更，油画，92cm × 73cm，
1902年

于是，他便制作了一尊裸体女人雕像放在花园当中。主教对此提出了抗议。高更则雕刻出一尊讽刺主教的黏土塑像以示回应，在这尊雕像的头顶，长着有如魔鬼一般的角，更为无惮的是，高更把它与裸体女人雕像面对面地安置着。直到生命的终点，高更心中仍然保留着对奇异事物的某种旧哥特式喜好和"令中产阶级惊愕"的典型的巴黎人想法。

但是，事情并未就此结束。高更不是那种能平静安稳地走完一生的人。尽管德·蒙弗雷德尽心尽力地给予了他很多帮助，高更在法国的地位仍然不稳固；沃拉德可能随时都会拒绝售卖他的画作。而1893年在巴黎的失败所带来的伤害至今仍在刺痛着他。由此，他决定写两篇文章来阐述自己对于艺术、技艺、绘画、生命和道德的观点，用以挫败巴黎人对自己的批评。这两篇名为《一个学徒的趣闻逸事》和《此前此后》的文章，更像一系列草草写下的狂热笔记。后来，在增加了其他的相关内容之后，它们构成了一本大部头文集《此前此后》，其中包含了我们所掌握的有关高更人生及其艺术的最为丰富完整的信息。《法兰西水星》杂志社可能准确地嗅出了这些文章的语气过于犀利和个性化，因此拒绝加以出版。

此外，他不得不清理的另一笔旧账是法国的殖民管理机构。在塔希提岛，他曾与总督、法庭和宪兵对抗过，而在这里，让他愤怒的则是海关的官员。事情的原委是这样的：两艘美国货轮在近些时候行驶到了这座海岛，在宪兵的纵容下没有交税就把一些货物卖给了当地人。高更获知此事后，马上写了一封信给相关管理部门，从当地土著人的立场，陈述自己所获悉的事实真相，抗议这一事件中海关的受贿与腐败行为。然而，他得到的唯一答复竟是来自法庭的一张传票，当地管理部门将鉴于他散播"虚假言论"的行为而对其逐步实行惩戒措施。随后，高更被传唤至当地法庭，被判决有罪，入狱三个月，并处以1000法郎的罚金。

对于高更来说，这不逊于毁灭性的打击，但他依然决定上诉。虽然法庭并不

《女人与白马》，高更，油画，72.5cm×91.5cm，1903年

是按照正规的程序组建的，但仍不得不承认高更所陈述的事实至少有一部分是真实的。他由此确信自己能打赢官司，不过如果要上诉的话，就必须返回塔希提岛并聘请律师，这样一来二去地折腾，他的积蓄必然会骤然减少。无奈之下，他只好写信向德·蒙弗雷德求助，恳请他为自己的三幅画找到合适的买主，价格是1500法郎；同时，他又给沃拉德寄去了10多幅画。然后，他准备上诉。

但是，死亡却如此突然地袭击了他，保罗·高更的上诉在这个世界里再也无法实现。

作为唯一与高更交好的白人，一位名叫维尼尔（Vernier）的新教牧师在信中非常清楚地阐明了高更的死因——不是由于腿部湿疹，不是有些人所猜测的麻风病，不是再次服用砒霜，也不是梅毒，这些都不是结束高更生命的杀手；而只是简单的心脏病所引起的昏厥。就这样，他那已经顽强地保持了多年、用于与外界抗争的能量，他那创作出了如此多的精美画作的能量，枯竭了。这部机器，减速了，停止了。

1903年5月6日，保罗·高更逝世。

在去世的前几天，他给查尔斯·莫里斯写了最后一封信，犹如生命的号角声在唤醒他：

> 我依然在战斗着，并没有遭受挫败。在受到折磨时，我就像始终保持着微笑的印度人，不会被打倒。如果你认为我自称野蛮人是错误的，那么，你错了。我就是野蛮人。所谓的文明人已经感受到了这一点，因为，在我的作品当中，除了自身的野蛮人气质（对此，我自身并不需要负责）之外，并没有可能产生困惑的任何东西。因此，这正是独一无二的地方。实际上，每一件人类的作品都是一种个性的展示，因此产生了两种不同的美，一种来自天性，一种来自后天的努力。两者的结合与完善诞生了伟大且极其复杂的丰硕成果。艺术批评也发现了这一事实……拉斐尔的伟大技巧丝毫没能阻止我去深入探究他那核心品质中对美的直觉。拉斐尔天生具有美的直觉，其他的都只能算作

是一种完善。

物理、化学以及所有的自然科学研究，在艺术上带来的是混乱的时代。也许这么说是对的，即被剥夺了所有野性的艺术家争相探索不同的道路，以追寻他们已不再拥有的富于创造力的元素。现在，他们已经蜕变成毫无章法的群体，一旦有人发现自己被孤立了，莫名的恐惧感便会油然而生。并非每个人都能适应离群索居的生活，一个人必须有力量来忍受和习惯一个人的日子。实际情况是，我从他人那里所学到的所有东西，最后都变成了自己的阻碍。的确，我也许知之甚少，但起码，我知道真正属于我自己的东西。

然而，文明还是有最后的决定权。当高更那冰冷的、不再有任何生机的躯体躺下时，他所厌恶和嘲讽过的主教还是介入了——他被完全按照天主教的仪式安葬在了阿图奥纳的一处教堂墓地。而最具讽刺性的结局是，他的墓地没有留下任何标记。就这样，19世纪后期最伟大的画家之一、世界上最勇敢的战士之一，将自己的尘土与最卑微的土著人混合在了一起，正如19世纪早期最伟大的画家布莱克，被安葬在了伦敦邦山坟场的一处无名墓地，和众多无家可归者躺在了一起。

19世纪迅速发展的机械工业

第四章

  当19世纪铺天盖地的工业发展如此迅猛地波及全世界之时,想必没有人能够准确地估量出它的意义并平心静气地评价它的影响力。在这一世纪伊始,统治欧洲和美国的精神理念,即有关自由与人权的核心思想,在法国大革命的炮火中诞生。而到了1848年以后,这一思想逐渐消退,取而代之的是纯粹的物质生产至上的理念。蒸汽机被充分地应用,随之呈现出机械发展的图景。遍布世界各地的煤炭、金属矿产和农产品被无限制地开采。与此同时,最大限度地发掘这些资源必然要求提供相应的劳动力,因此全世界范围内的人力掠夺随即兴起。国际贸易出现了,大量的财富不断集中到少数人手中,后者在全球范围内的贪欲与铁路、轮船航线、电报和电话等密切联系在一起。手中握有掌控权的人群开始形成人口偏少的资本家阶层,暗中控制着古老而没落的贵族阶层、官方教会以及法律系统;另外一个更大的依靠和服从资本家的中间阶层崭露头角;而那些数量庞大的劳

工阶层则深受被利益所驱使的以上两大阶层的残酷剥削。以上种种,造就了一个独一无二的世纪。

与这种无法阻挡的变化大潮形成鲜明对比的,是一些独特的天才人物所发出的微弱的反对之声。他们宣称,人类的生命应当比机械发明更具价值,应当保持人类的古老尊严。可是,他们的抗议声是断断续续的、个人英雄主义的。这些人就像散落的堤坝碎片,还没有完全被淹没,仍在挣扎着抵挡滚滚洪水的入侵。在他们之中,必须提到的就是前文已经讲述过其人生故事的这位艺术家。

自从安格尔直接从法国大革命的激情和精神动力中脱颖而出之后,随之产生的艺术家们在19世纪的法国美术界变得举足轻重且颇具价值,比如德拉克洛瓦的阴郁和激情,杜米埃的巨型讽刺画,米勒的农民艺术,库尔贝明晰的现实主义,德加和福兰(Forain)一针见血的讽刺,甚至包括印象派画家带给我们的对于大自然和户外的感受,所有表现人类对个体自由、自身独立与发展的模糊却强烈的渴望的艺术形式。当高更到来时,这场反抗运动的帷幕已经拉开。官方和学院派

《唐璜的覆舟》,德拉克洛瓦,油画,135cm × 196cm,1840年

第五部分 ◎ 与文明抗争（1895—1903）

《村落·冬天的印象》，毕沙罗，油画，54.5cm×65.5cm，1877年

画家以各种不同的方式处理着众多陈腐的模式。另一方面，印象派画家正努力以科学的、客观的方式来描绘大自然。大自然已经不再是人类的母亲和哺育者，而是蜕变为土壤、空气和阳光的化学公式。只有普维斯·德·夏凡纳孤独而不为人理解地持续创作着伟大的、旨在怀念已逝的黄金岁月的装饰画和寓意深远、却散发出绝望的悲观情绪的架上画。

高更也开始绘画，开始反对科学、物质主义和客观观察的观点。一开始，他打算沿袭印象派的科学模式，但是，当他像塞尚一样发现了内心最本真的天性后，他开始认识到，对光的感知是没有办法直接画出来的，唯有通过色彩加以表

179

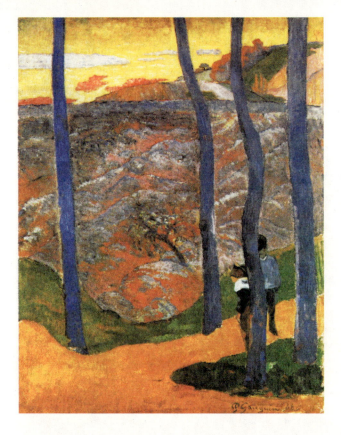

《带蓝色树的风景》
(Landscape with Blue Trees),
高更,1888年

达。而且,他进一步发现(这次发现源自普维斯·德·夏凡纳),形式感同样无法画出来——大自然给我们提供了各种变化多端的形式,艺术家必须选择那些对他而言最重要的,甚至必须是能够被转换、被改变、被强调或被藏匿以使之适合构图的和谐感的形式。因此,无意识或者几乎是无意志地,他被导向了这样的思路——任何地方的土著人都是真正意义上的伟大的艺术家,他们无需判断自己的看法是否准确,能自由地表达出对于人类和自然的伟大情感。所以,他决心为了原始艺术和生活的真正重现进行痛苦而野蛮的斗争,以自然人的名义去反抗机械的、非人性化的效能。

除非我们认识到了这一事实,否则我们无法抓住高更的艺术及其人生的核心。就连高更自己也承认他的画作只不过是一种碎片式的暗示,一种对于未能到达的世界的难以兑现的诺言。也许,他也深知自己的生活基本上是不和谐甚至是无序的,已无望实现自身的和谐。他创作的讽刺自我的画作《野蛮人的故事》告诉我们,从总体上而言,他并不像有些人所想象的那样,是一个被宠坏的孩子。他在同时与外部世界和内在自我进行斗争,至少他认为,在自己的画作中,应当

第五部分 ◎ 与文明抗争(1895—1903)

《野蛮人的故事》,高更,1902年

将个性中最好的一面呈现出来。也许,他的人生注定如此,正如他写给德·蒙弗雷德的最后一封信中所说:"当我想努力向上时,毁灭却紧随其后,而且是一个接着一个。"因此,在他的作品中,我们能领悟凡·高在他们以反目结束的悲剧后所做的评论的真义:"高更使人产生这样的认识:一幅优秀的画作应当与一种相应的善行并驾齐驱。"

事实的确如此。每一位艺术家都应当肩负起意义深远的道德责任。但这种责

《月亮与大地》(The Moon and the Earth),高更,油画,1893年

第五部分 ◎ 与文明抗争(1895—1903)

任并不是指教会我们如何遵循被现代统治机构所曲解、用以统治我们的基督教美德的职责，也不是指通过毁坏生活的根基来维护否定、禁止和妥协的系统的职责。它应是一项更为崇高且艰巨的任务。艺术家的责任在于确立生命的尊严和人类的价值，同时勇于藐视清教徒的病态歧视、乌合之众胆小怕事的陋习，甚至连他自己也无法解决的痛苦、衰败和死亡之谜。高更正是通过自己的艺术努力践行着这样的责任。他坚守着对于人类、人类劳动以及土地的信仰。他的同行塞尚则可能是一位实现了更多责任的画家，他心怀对大自然和过往的伟大艺术家的风格的更深敬意，但是，他在评价高更时却持保留的态度。可以这么说，塞尚在生活中接受了妥协，降低了富于创造力和解释力的想象在艺术中的地位。之后，在即将离世时，塞尚甚至抱怨高更庸俗化了自己："高更不理解我。我（的画作）从来不缺少层次和色调。他说的全是废话。"

也许这样来评价塞尚更合适——他无法也不敢去理解高更。

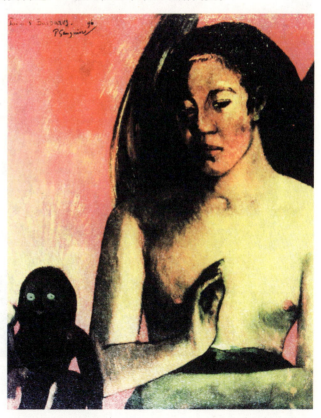

《野蛮人之诗》(*Poemes Barbares*)，高更，油画，65cm × 48cm，1896 年

《永恒之神》,威廉·布莱克,蚀刻加水彩,1794年

这并不是高更的所有成就。他重建了绘画在艺术等级体系中的合适地位。他告诉我们，绘画的地位处于建筑和音乐之间，而雕刻则作为它的孪生姐妹而存在。他第一个站出来怀疑希腊科学精神的发展对艺术的分工与破坏所产生的影响就像今天科学精神的发展一样。他同时相信并不断地确认，绘画正进入一个崭新的音乐化时代，他将自己的画作建立在色彩协调的明晰区域以及精心选择的形式的建筑学比例的基础之上，而后者是否来自于透视画法，对他来说是非常重要的事情。由此，他在威尼斯画派和原始画派之间作出了折衷选择，认为形式与色彩的共同目标是装饰。

　　也许，威廉·布莱克早已赞扬过这种秉承原始主义的画匠。后者以自己的方式画出了黄金时代的梦想，并且牢牢地抓住了每一类传统的核心要义：埃及的、高棉的、波斯的、中国的、哥特式的、希腊的和文艺复兴的。但是，高更尽管知道布莱克，却从未成为其精神上的同盟者，因为后者过着极端的苦行僧式生活，对世俗以及"自然女神的错觉"轻蔑地加以拒绝。在高更那里，精神从未战胜过肉体，直到最后他还是一个男人。相对于布莱克可能是最伟大的幻想家而言，高更则理所当然是一块用于构建幻想的绝妙基石。

《快乐》,高更,1892年

第五章

自从高更去世之后,他的艺术迅速地被法国所遗忘。在临死前,他曾说自己在法国的作品不会超过50幅。其中有一些被作为私人收藏品悬挂起来,每一位收藏者拥有一幅或最多三四幅作品。他的作品大量地流入德国、斯堪的纳维亚和俄国。已经得到证实的是,到1911年,卢浮宫已经无法筹集足够的钱买下他的作品《亡灵的注视》。

没有艺术馆或收藏机构能够收集到高更那些数量相当多的作品,这无疑是一大憾事。总体来看,高更属于一位装饰画家,他有半打的相关作品已经产生了很大的影响。而另一位装饰画家普维斯·德·夏凡纳只是由于其架上画,就被归入位于巴黎、亚眠和波士顿的伟大装饰画体系之中。对于其他的装饰画家,如拉斐尔、米开朗基罗、丁托列托和委罗内塞,也有类似的评价。一间悬挂了20幅高更画作的房间能产生一种巨大的影响和不朽的力量——这样的一间画室现存于莫斯

《地中海》，马约尔，云石，110cm×117cm×68cm，1905年

科，这对于今天的西欧人来说也算是一个小小的安慰。

高更的门徒和追随者们有的在想象力渐失的窘境下依然艰难地前行，如塞律西埃；有的则逐渐脱离高更而转向了学院派，像伯纳德；还有的将他们的技艺掺点水分，加工成庸俗的插图书和莫里斯·丹尼斯的舞台装装饰。他们中没有一个人领会了高更的保持简单、率真和野性的秘密。阿里斯蒂德·马约尔（Aristide Maillol）可以算得上是一个突出的特例。作为一位雕塑家和挂毯设计师，他能够正确地运用高更在指导这些冷门流派的门徒时所留下的暗示，并通过自己的创作向我们展示（至少是部分地）这些是如何得以实现的。

法国艺术界的主流学派则简单轻率地忽略掉了高更。他们没有与高更一起实现重回所有传统的起源后的大胆飞跃，却反其道地在绘画中做出了更为科学化和客观化的尝试。新印象派画家按塞尚的原则来处理补色点，后者一直致力于将所有形式简化为某些基本的几何体，并将创作信条建立在这位埃克斯画家针对形式

第五部分 ○ 与文明抗争(1895—1903)

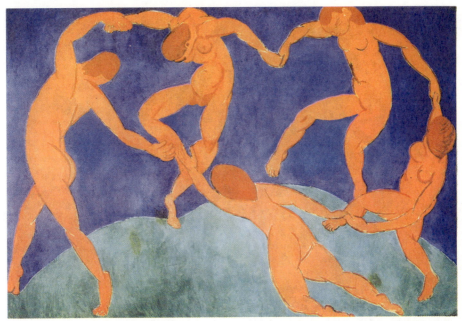

《舞蹈》，马蒂斯，油画，391cm×260cm，1910年

  的简化所留下的某些言辞的基础之上。在这些艺术家中，马蒂斯脱颖而出。他通过对画面立体感日益无情的消减和对色彩逐渐武断的设置，将艺术彻底变成了一种抽象，一系列毫无感情色彩的象形符号。随后到来的是毕加索，他索性将色彩也消减了，开始创作抽象的几何图形。立体主义画派紧随毕加索而出现。未来主义画派则开创了另一种形式的抽象画，旨在画出机械的能量以及隐藏在形式中的不断变化的活力。

  同时，表现主义画派立足于凡·高和高更的立场，坚持作品必须表现出某种情感，但是与此同时，他们否定了高更的如下推论：源于自然的某种形式有必要将这种情感转化成与之对应的画作。接下来，他们简化了形式，致力于表现抽象的情感。最后，漩涡主义画派将未来主义和印象主义融为一体，开始表现一种抽象的概念——一种充满活力、能量的情感，进而宣称绘画就是绘画自身，是一种不关涉任何阐释性目标的艺术。

  以上种种运动思潮彼此纠葛，错综复杂，而且很显然，它们之间存在着不和谐，但是究其根源，它们的动机却是基本一致的。可以说，它们都受到科学发现

《都市的增长》，波丘尼，油画，198.1cm × 299.7cm，1910—1911年

的狂热——热切期望分析现象直到现象背后的本质被揭示出来——所推动。物理学家、化学家和哲学家们已经证明，世界的表象并非真实的世界本身——存在着的每一种事物只不过是离子或电子、放射性或非放射性能量，或者可能只是弹性或非弹性的问题。这些年轻的艺术革命者赋予自己这么多奇特的标签，并非像很多人所设想的那样，是不诚实的或荒唐的。他们只是受到使绘画——不只是绘画，实际上其他的艺术也是如此——成为理论科学的一个分支这种渴望所折磨。如果用一些抽象的概念来解释的话，现象的世界只能被证明是一种假象。所以，他们开始描绘那些绝对观念，而不是那些对于他们来说似乎不真实的东西。这是一种崭新的形而上学，一种完全唯实论的新奇尝试，而这样一种学者型艺术教条的发展路径日益狭窄，并对人的精神加以摧残。这和宗教圣像的绘画规则有着惊人的相似之处，后者已经被阿陀斯山的拜占廷僧侣们演化和实践了数个世纪。现在，随着过去的诸多传统被逐一打破，以上种种思潮以迅雷不及掩耳之势占领了艺术的全部领域，就连战争也无法消灭其表现形式。

可以这样说，人类生活、大自然和艺术在历史的战火中遭受的重创与战争中

第五部分 ◎ 与文明抗争(1895—1903)

任何一方所取得的军事战果都不相称。无论是否由德国人对此负主要责任,首先确定无疑的是,战争中的任何一方都不能逃脱战争后期蔓延的罪责。除了德国点燃战争导火索这一不可否认的罪行之外,作为一个整体的文明世界必须对战争方式的可怕性负责。一架重型炮无疑具有极强的杀伤力,无论它的炮弹是打中埃森还是勒克勒索;一架卡普罗尼战机也可以像哥达制造的那样装载尽可能多的炮弹;潜水艇则第一次被美国人用于战争中;机关枪是属于英国人的发明。所有这些20世纪的破坏性武器,都曾被我们视作纯粹的技术进步的产物,而在今天背负起沉重的罪孽;在长达四年多的时间里,我们人类所犯下的罪行已经血染地球,更为可怕的是,极有可能在数代人之后再次重演同样的悲剧。

这场业已过去的战争在结束之前,原本是源自不同的国家意识形态之间的冲突,到后来则日益演变成人类与非人类或科学化、系统化的机器之间的战争。机器最终挥舞起胜利的旗帜。而且,正如科学精神在战前对艺术界的征服,它也

《呐喊》,蒙克,厚纸、干酪素、油彩、粉彩,90.8cm × 73.7cm,1893年

导致了立体主义画派和漩涡主义画派势力的极度膨胀。战争的爆发不仅摧毁了人类的生命本身，同时使得国家的存在不再是人类勇气、资源和智力的问题，而仅仅是一个人力及军需品的问题。我们像物理学书籍上说"马力"一样学会了谈论"人力"。我们在战争中为自身设置的任务是一个令人恐惧的悖论：我们想要挽救文明以避免犯下大错，所采取的方式却是毁掉一切文明赖以依存的人类生活的基础。

因此，怀着这样一种解放观，今天我们又重回到一些艺术家这里。他们早在18和19世纪就已经预见到，物质文明的进步将逐渐泯灭掉人性，而自然与人性应当比一切能被制造出来的炮弹、已上膛的枪或已形成书面文字的法律条文更为崇高。带着一种精神的释放，我们回到了梦想回归大自然的人们那里——这些人

《海滩的骑马人》(*Riders on the Beach*)，高更，油画，66cm × 76cm，1902 年

中，包括卢梭、惠特曼、高更,以及尽管没有前者有名、却仍然坚持自己的道路的其他人——大卫·梭罗（David Thoreau）和理查德·杰弗理斯（Richard Jefferies）。他们是一群新真理的先知,这种真理终将在某一天脱颖而出——那就是,将人性置于物质发展之上,将自然置于审美对立面之上。他们的眼光不只局限于自身,而是更为崇高,正如高更有意在《野蛮人的故事》中将自身漫画化一样。而且他还深知,只有零散表达的见解,才能作为诺言、隐喻和也许是什么的暗示而被人铭记。在卢梭的散文、惠特曼的诗篇以及高更的画作中,我们看到了自我拷问的人性的一线曙光,看到了拥有这样一片天地的希望,在这里,自然与人类融为一体,传递谅解的和平主宰着一切。